性命古训辨证

傅斯年 著

九州出版社
JIUZHOUPRESS

图书在版编目（CIP）数据

性命古训辨证 / 傅斯年著. -- 北京 ： 九州出版社，
2021.10
　　（台湾国学丛书 / 刘东主编）
　　ISBN 978-7-5225-1102-3

　　Ⅰ．①性… Ⅱ．①傅… Ⅲ．①汉字－古文字－训诂②
思想史－中国－先秦时代 Ⅳ．①H121②B220.5

　　中国版本图书馆CIP数据核字(2022)第151629号

性命古训辨证

作　　者	傅斯年　著	
责任编辑	黄明佳	
出版发行	九州出版社	
地　　址	北京市西城区阜外大街甲 35 号（100037）	
发行电话	(010)68992190/3/5/6	
网　　址	www.jiuzhoupress.com	
印　　刷	三河市兴博印务有限公司	
开　　本	710 毫米 ×1000 毫米　16 开	
印　　张	13.75	
字　　数	152 千字	
版　　次	2022 年 9 月第 1 版	
印　　次	2022 年 9 月第 1 次印刷	
书　　号	ISBN 978-7-5225-1102-3	
定　　价	58.00 元	

《台湾国学丛书》总序

在我看来，不管多变的时局到底怎么演变，以及两岸历史的舞台场景如何转换，都不会妨碍海峡对岸的国学研究，总要构成中国的"传统学术文化"的有机组成部分。

事实上，无论是就其时间上的起源而言，还是就其空间上的分布而言，这个幅员如此辽阔的文明，都既曾呈现出"满天星斗"似的散落，也曾表现出"多元一体"式的聚集，这既表征着发展步调与观念传播上的落差，也表征着从地理到政治、从风俗到方言上的区隔。也正因为这样，越是到了晚近这段时间，无论从国际还是国内学界来看，也都越发重视起儒学乃至国学的地域性问题。

可无论如何，既然"国学"正如我给出的定义那样，乃属于中国"传统学术文化"的总称，那么在这样的总称之下，任何地域性的儒学流派乃至国学分支，毕竟都并非只属于某种"地方性文化"。也就是说，一旦换从另一方面来看，尤其是，换从全球性的宏观对比来看，那么，无论是何种地域的国学流派，都显然在共享着同一批来自先秦的典籍，乃至负载着这些典籍的同一书写系统，以及隐含在这些典籍中的同一价值系统。

更不要说，受这种价值系统的点化与浸润，无论你来到哪个特殊的地域，都不难从更深层的意义上发现，那里在共享着同一个"生活世界"。甚至可以这么说，这些林林总总、五光十色的地域文化，反而提供了非常难得的生活实验室，来落实那种价值的各种可能性。正因为这样，无论来到中华世界的哪一方水土，也无论是从它的田间还是市井，你都可能发出"似曾相识"的感慨。——这种感慨，当然也能概括我对台北街市的感受，正因为那表现形态是独具特色的，它对我本人才显得有点"出乎意料"，可说到底它毕竟还是中国式的，于是在细思之下又仍不出"情理之中"。

在这个意义上，当然所有的"多样性"都是可贵的。而进一步说，至少在我这个嗜书如命的人看来，台湾那边的国学研究就尤其可贵，尤其是从 1949 年到 1978 年间，由那些桴海迁移的前辈们所做出的研究。无可讳言，那正是大陆越来越走向紧张与禁闭，终至去全方位地"破除四旧"的岁月。

正是因此，我才更加感佩那些前辈的薪火相传。虽说余生也晚，无缘向其中的大多数人当面请益，然而我从他们留下的那些书页中，还是不仅能读出他们潜在的情思，更油然感受到自己肩上的责任，正如自己曾就此动情而写的："这些前辈终究会表现为'最后的玫瑰'么？他们当年的学术努力，终究会被斩断为无本之木么？——读着这些几乎是'一生磨一剑'的学术成果，虽然余生也晚，而跟这些前辈学人缘悭一面，仍然情不自禁地怀想到，他们当年这般花果飘零，虽然这般奋笔疾书，以图思绪能有所寄托，但在其内心世界里，还是有说不出的凄苦犹疑。"

终于，趁着大陆这边的国学振兴，我们可以更成规模地引进那些老先生的相关著作了。由此便不在话下，这种更加系统的、按部就班的引进，首先就出于一种亲切的"传承意识"。实际上，即使我们现在所获得的进展，乃至由此而催生出的国学高涨，也并非没有台湾国学的影响在。早在改革开放、边门乍开的初期，那些从海峡对岸得到的繁体著作，就跟从大洋彼岸得到的英文著作一样，都使得我们从中获得过兴奋的"解放感"。正因此，如果任何一种学术史的内在线索，都必然表现为承前启后的"接着讲"，那么也完全可以说，我们也正是在接着台湾国学的线索来讲的。

与此同时，现在借着这种集成式的编辑，而对于台湾国学的总体回顾，当然也包含了另一种活跃的"对话意识"。学术研究，作为一种有机增长的话语，其生命力从来都在于不断的创新，而如此不断创新的内生动力，又从来都来自"后生"向着"前贤"的反复切磋。也是惟其如此，这些如今静躺在台湾图书馆中的著作——它们眼下基本上已不再被对岸再版了——才不会只表现为某种历史的遗迹，而得以加入到整个国学复兴的"大合唱"中；此外，同样不在话下的是，我们还希望这次集中的重印，又不失为一种相应的和及时的提醒，那就是在这种"多元一体"的"大合唱"中，仍需仔细聆听来自宝岛的那个特殊声部。

最后要说的是，在一方面，我们既已不再相信任何形式的"历史目的论"，那么自然也就可以理解，今后的进程也总会开放向任何"偶然性"，无法再去想象黑格尔式的、必然的螺旋上升；可在另一方面，又正如我在新近完成的著作中所讲的："尽管我们的确属于'有限的、会死亡的、偶然存在的'人类，他们也的确属于'有限的、会死亡的、偶然存在的'人类，可话说回来，构成了彼此'主观间性'的那种'人心所向'，却并不是同样有限和偶然的，相反倒是递相授受、薪火相传、永世长存的，由此也便显出了不可抹煞的'必然性'。"在这个意义上，我们就总还有理由去畅想：由作为中国"传统学术文化"总称的国学——当然也包括台湾国学——所造成的"人心所向"和"主观间性"，也总还不失为一种历史的推动力量吧？

刘东

2020 年 6 月 24 日于浙江大学中西书院

凡　例

一、本书以上海古籍出版社 2012 年版为底本。

二、为保持作者行文风格和时代语言习惯，文字、语法、标点等不按现行用法改动原文；原书专名（人名、专业术语、书名等）及译名与今不统一者，亦不作改动。

三、原书双行夹注内容用圆括号表示。

四、原书部分甲骨文及金文，因年代久远而字迹模糊者，据所缺字数用"□"表示；字数难以确定者，用"（下缺）"表示。

序

　　此书自写成至今，已一年有半，写时感念，今多不能记忆。且清稿已先付商务印书馆，手中别无副本，可资检查。四邻喧嚣，行处不定，不能运思以为序，则姑述本书写就之始末，及求读者所见谅留意各事，以代自序之常例焉。

　　一、"生"与"性"、"令"与"命"之关系，及此关系在古代思想史上之地位，余始悟之于民国二十二、三年间，始与同事丁梧梓先生（声树）言之，弗善也。二十五年初，移家南京，与徐中舒先生谈此，徐先生以为不误，劝余写为一文。遂于是年夏试写，初意不过数千字之篇，下笔乃不能自休。吾之职业，非官非学，无半月以上可以连续为我自由之时间，故原期国庆日①前写就者，至是年之尾大体乃具。其下篇尤为潦草，其中有若干章，次年一月无定居时所写也。写成后，恳同事陈骥尘先生（钝）分忙为我抄成清本，骥尘则偶置其职务，或断或续以抄之。自二十五年夏初写此书时，至次年八月上海战事起，一年之中，余三至北平，两候蔡子民师之病于上海，游秦蜀，顺江而下，至南京不两旬，又登庐山，七月末乃

---

　　① 编者注：为孙中山创建中华民国之日，10月10日。

返京。不仅作者时作时辍，即抄者亦然。缘吾不能安坐校对，故抄者亦不能不若断若续也。陈钝先生所抄者为中、下两卷，上卷仅抄数页，战事即起，同人心志皆不在此等无谓之事矣。二十七年二月，以中、下两卷，交商务印书馆，上卷拟自抄，终无暇也。适张苑峰先生（政烺）送古籍入川，慨然愿为我抄之，携稿西行，在停宜昌屡睹空袭中为我抄成，至可感矣。故上卷得于前月寄商务印书馆，一段心事遂了，此皆苑峰、骥尘之惠我无疆也。今详述此经历者，固以谢二君，亦以明本书文词前后绝不一致之故，以祈读者之见谅也。

二、写此书时，每与在南京同事商榷。益友之言，惠我良多，凡采入者，均著其姓氏。谨于此处致其感谢。

三、本书上卷第二章所引殷周彝器铭识，除诸宋人书外，皆录自《攈古录》《愙斋集古录》《陶斋吉金录》《善斋吉金录》《小校经阁金文》《贞松堂集古遗文及补遗》《殷文存》等，习见之书，尤以《攈古》《愙斋》《贞松堂》三书为多。（亦间录自今人郭沫若先生之《金文辞大系》等，此书本为通论，不属著录，然余信手引据，但求足证吾说而已。）盖写时《周金文存》为人借去，而某氏之《三代吉金文存》未出版也。当时凡引一条，必著其在此书中之卷叶，以求读者便于检寻。文属急就，所引卷叶不敢保其无误，而群书常见之器则不复注明。越一年有半，苑峰在宜昌为我抄成清稿时，其旅途中携有《三代吉金文存》，而诸书未备，乃将原引自《愙斋》《攈古》《贞松堂》等书并见于《三代吉金文存》者，一律易以《三代吉金文存》之卷叶，复增此一书中可采入者三十余条。余至重庆初见之，深感苑峰觊我之深，然亦颇有改回之志。盖夫己之书，少引为快，一也。新书之价，本以欺人，学者未备，二也。旋以手中无书可查，原稿中注明之卷叶未必无误，苑峰所录则无误，故徘徊久之，卒乃姑置吾之情感以从苑峰焉。

四、两年前始写上卷时，以引书较多，用文言写自较整洁，及写至本卷末章，乃觉若干"分析的思想"实不易以文言表达。写至中卷，尤感其难。终以懒于追改，即用文言写去，有此经验，深悟近代思想之不易以传统文言纪录之也。盖行文之白话正在滋长中，可由作者增其逻辑，变其语法，文言则不易耳。

五、引书之简繁，亦是难决之一事。盖引书愈约（或仅举出处，尤佳），则文辞愈见简练，而读者乃非检原书不能断其无误也。此利于作者而不利于读者。引书愈繁，则文辞愈见芜蔓，而在读者可省獭祭之劳。此利于读者而不利于作者。余思之久，与其使读者劳苦，毋宁使吾书具拙劣之面目耳。

六、本书标点，前后未能齐一，盖抄者非经一手，校对不在一时，即付之印者亦分两次，故不及画一之也。战时能刊此等书，即为万幸，无须苛求。读者谅之。

民国二十七年七月
傅斯年记于汉口江汉一路之海陆旅馆

目 录

引　语 / 1

上卷　释字

第一章　提　纲 / 9

第二章　周代金文中"生""令""命"三字之统计及其字义 / 11

第三章　《周诰》中之"性""命"字 / 32
　一　论《周诰》中本无"性"字 / 33
　二　统计《周诰》十二篇之命字 / 34

第四章　《诗经》中之"性""命"字 / 41
　一　论《诗经》中本无"性"字 / 41
　二　《诗经》中之"令""命"字 / 42

第五章　《左传》《国语》中之"性""命"字 / 49

第六章　《论语》中之"性""命"字 / 56

第七章　论《告子》言"性"实言"生"
　兼论《孟子》一书之"性"字在原本当作"生"字 / 59
　一　论《告子》言"性"皆就"生"字本义立说 / 59
　二　论《孟子》书之"性"字在原本当作"生"字 / 62

第八章　论《荀子·性恶》《正名》诸篇中之"性"字

　　　　在原本当作"生"字 / 65

第九章　论《吕氏春秋》中"性"字在原本当作"生"字 / 69

第十章　"生"与"性"、"令"与"命"之语言学的关系 / 72

　　一　字形 / 72

　　二　字音 / 74

　　三　字义 / 80

中卷　释义

第一章　周初人之"帝""天" / 85

第二章　周初之"天命无常"论 / 96

　　一　《周诰》《大雅》之坠命受命论及其民监说人道主义

　　　　之黎明 / 96

　　二　敬畏上帝之证据 / 107

　　三　本章结语 / 113

第三章　诸子天人论导源 / 114

第四章　自类别的人性观至普遍的人性观 / 121

第五章　总叙以下数章 / 127

　　论儒墨法道四派，分起于鲁宋晋齐，因社会的政治的环

　　境不同，而各异其天人论 / 128

第六章　春秋时代之矛盾性与孔子 / 135

　　孔子 / 138

第七章　墨子之非命论 / 144

第八章　孟子之性善论及其性命一贯之见解 / 153

　　　孟子之性命一贯见解 / 159

第九章　荀子之性恶论及其天道观 / 163

　　　荀子之天道观 / 170

第十章　本卷结语 / 173

下卷　释绪

第一章　汉代性之二元说 / 179

第二章　理学之地位 / 190

　　　附：论李习之在儒家性论发展中之地位 / 201

引　语

　　《性命古训》一书，仪征阮元之所作也。阮氏别有《论语论仁》《孟子论仁》诸篇，又有论性、命、仁、智诸文，均载《揅经室集》中，要以《性命古训》一书最关重要。此中包有彼为儒家道德论探其原始之见解，又有最能表见彼治此问题之方法，故是书实为戴震《原善》《孟子字义疏证》两书之后劲，足以表显清代所谓汉学家反宋明理学之立场者也。自明末以来所谓汉学家，在始固未与宋儒立异，即其治文词名物之方法，亦远承朱熹、蔡沈、王应麟，虽激成于王学之末流，要皆朝宗于朱子，或明言愿为其后世。其公然掊击程朱，标榜炎汉，以为六经、《论语》《孟子》经宋儒手而为异端所化者，休宁戴氏之作为也。（汉学家掊击宋儒始于毛奇龄，然毛说多攻击、少建设，未为世所重。）然而戴氏之书犹未脱乎一家之言，虽曰疏证孟子之字义，固仅发挥自己之哲学耳。至《性命古训》一书而方法丕变。阮氏聚积《诗》《书》《论语》《孟子》中之论"性""命"字，以训诂学的方法定其字义，而后就其字义疏为理论，以张汉学家哲学之立场，以摇程朱之权威。夫阮氏之结论固多不能成立，然其方法则足为后人治思想史者所仪型。其方法惟何？即以语言学的观点解决思想史之问题，是也。

　　夫阮氏一书之不能无蔽者，其故有三。在阮氏时，汉学精诣所在，古训古音之学耳！其于《诗》《书》之分析观念或并不及朱子、蔡沈；其于古文字之认识，则以所见材料有限之故，远在今人所到境界之下。阮氏据《召诰》发挥其"节性"之论，据《大雅》张皇其"弥性"之词，殊不知《召诰》所谓"节性"，按之《吕览》本是"节生"，《大雅》所谓"弥尔性"，按之金文乃是"弥厥生"，皆与性论无涉。此所用材料蔽之也，一端也。孟子昌言道统，韩愈以后儒者皆以为孟子直得孔门之正传，在此"建置的宗教"势力之下，有敢谓孟子之说不同孔子者乎？有敢谓荀子性论近于孔子者乎？此时代偶像蔽之也，二端也。自西河毛氏、东原戴氏以来，汉宋门户之见甚深。宋儒之说为汉学家认作逃禅羽化，汉学家固不暇计校宋儒性命论究与汉儒有无关系，亦不暇探讨禅宗之果作何说，道士之果持何论也。自今日观之，清代所谓宋学实是明代之官学，而所谓汉学，大体上直是自紫阳至深宁一脉相衍之宋学，今人固可有此"觚不觚"之叹，在当时环境中则不易在此处平心静气。此门户蔽之也，三端也。有此三端，则今人重作《性命古训》者固可大异于阮氏，此时代为之也。吾不敢曰驳议，不敢曰校证，而曰辨证者，诚不敢昧其方法之雷同耳。

　　"以语言学的观点解释一个思想史的问题"之一法，在法德多见之。自十九世纪中叶以来，研治柏拉图、亚里斯多德著书者，其出发点与其结论每属于语学。十年前余教书中山大学时，写有《战国子家叙论》讲义，（此书旧未刊，今拟即加整理付印。）其序意《论哲学乃语言之副产品》一节云：

　　　世界上古往今来最以哲学著名者有三个民族：一、印度之亚利安人；二、希腊；三、德意志。这三个民族有一个共同点，就是在他的文化忽然极高的时候，他的语言还不失印度—日耳曼系语言之早年的烦琐形质。思想既以文化提高了，而语言之原形犹在，语言又是和思想分不开的，于是乎繁丰的抽象思想，遂为若干特殊语言的形质作玄学的解释了。以前有人以为亚利安人是开辟印度文明的，希腊人是开辟地中海北岸文明的，这是大错而特错。亚利安人走到印度时，他的文化比土著低，他吸收了土著的文明，后来更增高若干级。希腊人在欧洲东南也是这样，即地中海沿岸赛米提各族人留居地也比希腊文明古得多多。野蛮人一旦进于文化，思想扩张了，而语言犹昔，于是乎凭藉他们语言的特别形质而出之思想，当做妙道玄理了。今试读汉语翻译之佛典，自求会悟，有些语句简直莫明其妙，然而一旦做些梵文的功夫，可以化艰深为平易，化牵强为自然，岂不是那样的思想很受那样的语言支配吗？希腊语言之支配哲学，前人已多论列，现在姑举一例。亚里斯多德所谓十个范畴者，后人对之有无穷的疏论，然这都是希腊语法上的问题，希腊语正供给我们这么些观念，离希腊语而谈范畴，则范畴断不能是这样子了。今姑置古代的例子，但论近代。德意志民族中出来最有声闻的哲人是康德，此君最有声闻的书是《纯理评论》①，这部书所谈不是一往弥深的德国话吗？这部书有法子翻译吗？英文中译本有二：一出马克斯谬勒手，他是大语言学家；一出麦克尔江，那是很信实的翻译。然而他们的翻译都有时而穷，遇到好些名词须以不译了之，而专治康德学者还要谆谆劝人翻译不可用，只有原文才信实，异国杂学的注释不可取，只有若干本国语言中之标准义疏始可信。哲学应是逻

---

①　编者注：今译《纯粹理性批判》。

辑的思想，逻辑的思想应是不局促于某一种语言的，应是和算学一样的容易翻译，或者说，不待翻译。然而适得其反，完全不能翻译，则这些哲学受他们所由产生之语言之支配，又有甚么疑惑呢？即如"Ding an sich"一词汉语固不能译他，即英文译了亦不像，然在德文中则"an sich"本是常语，故此名词初不奇怪。又如最通常的动词，如"sein"，及"werden"这一类的希腊字，曾经在哲学上作了多少祟，习玄论者所共见。又如戴卡氏之妙语"Cogito ergo sum"，翻成英语已不像话，翻成汉语更做不到。算学思想，则虽以中华与欧洲语言之大异而能涣然转译；哲学思想，则虽以英德语言之不过方言差别，而不能翻译，则哲学之为语言的副产物，似乎不待繁证即可明白了。印度—日耳曼语之特别形质，例如主受之分，因致之别，过去及未来，已充及不满，质之与量，体之与象，以及各种把动词变作名词的方式，不特略习梵文或希腊文方知道，便是略习德语也就感觉到这些麻烦。这些麻烦，便是看来仿佛很严重的哲学分析所自出。

此虽余多年前所持论，今日思之差可自信。思想不能离语言，故思想必为语言所支配，一思想之来源与演变，固受甚多人文事件之影响，亦甚受语法之影响。思想愈抽象者，此情形愈明显。性命之谈，古代之抽象思想也。吾故以此一题为此方法之试验焉。

语学的观点之外，又有历史的观点，两者同其重要。用语学的观点所以识"性""命"诸字之原，用历史的观点所以疏性论历来之变。思想非静止之物，静止则无思想已耳。故虽后学之仪范典型，弟子之承奉师说，其无微变者鲜矣，况公然标异者乎？前如程、朱，后如戴、阮，皆以古儒家义为一固定不移之物，不知分解其变动，乃昌言曰"求其是"，庸讵知所谓是者，相对之词非绝对之词，一时之准非永久之准乎？在此事上，朱子犹胜于戴、阮，朱子论性颇能寻其演变，戴氏则但有一是非矣。（朱子著书中，不足征其历史的观点，然据《语类》所记，知其差能用历史方法。清代朴学家中惠栋、钱大昕诸氏较有历史观点，而钱氏尤长于此。若戴氏一派，最不知别时代之差，"求其是"三字误彼等不少。盖"求其古"尚可借以探流变，"求其是"则师心自用者多矣。）故戴氏所标榜者孟子字义也，而不知彼之陈义绝与孟子远也。所尊者许、郑也，而不察许、郑之性论，上与孔、孟无涉，下反与宋儒有缘也。戴氏、阮氏不能就历史的观点疏说《论语》《孟子》，斯不辨二子性说之绝异，不能为程、朱二层性说推其渊源，斯不知程、朱在儒家思想史上之地位。阮氏以威仪为明德之正，戴氏以训诂为义理之全，何其陋也？今以演化论之观点疏理自《论语》至于《荀子》古儒家之性说，则儒、墨之争，孟、荀之差，见其所以然矣。布列汉儒之说，以时为序，则程、朱性论非无因而至于前矣。夫思想家陈义多方，若丝之纷，然如明证其环境，罗列其因革，则有条不紊者见矣。

以上语学的观点与历史的观点两义，作者据之以成书者也。第一卷曰"字篇"，统计先秦文籍中之"性""命"字，以求其正诂者也。第二卷曰"义篇"，综论先秦儒家及其相关连者论"性""命"之义，以见其演变者也。第三卷曰"绪篇"，取汉以来儒家"性"说之要点分析之，以征宋儒"性"说之地位，即所以答戴、阮诸氏论程、朱之不公也。

（方东树《汉学商兑》一书，于戴氏多所驳议，然彼亦是主张门户者，故与本书第三卷所论者非一事，余不能引为同调也。）

上卷 ｜ 释字

第一章 提　纲

　　本卷所论之范围，大体以先秦遗文中"生""性""令""命"诸字之统计为限，并分析其含义，除非为解释字义之必要，不涉思想上之问题。以此统计及分析为基础，在第二卷中进而疏论晚周儒家之性命说。

　　统计之结果，识得独立之性字为先秦遗文所无，先秦遗文中皆用生字为之。至于生字之含义，在金文及《诗》《书》中，并无后人所谓"性"之一义，而皆属于生之本义。后人所谓性者，其字义自《论语》始有之，然犹去生之本义为近。至孟子，此一新义始充分发展。令之一字自古有之，不知其朔。命之一字，作始于西周中叶，盛用于西周晚期，与令字仅为一文之异形。其"天命"一义虽肇端甚早，然天命之命与王命之命在字义上亦无分别。兹为读者醒目计，在本书中严定"字"与"词"之界。所谓字者，指书写下之单位言，英语中所谓"character"者是。所谓词者，指口说中之单位言，英语所谓"word"。字异词未必异，如粤之与越是两字而是一词；词异字未必异，如一字有其本训与众多假借义是也。

　　难者或以为此所论是字不是语，论古籍自当以语为对象，不当局于字形，王引之曰，"夫训诂之要在语音不在文字"，是也。吾将答之曰，此言诚是矣，然有不可不察者。王氏父子时代，古文字学未发达，训诂学之所据，后人经籍写本与字书耳，故不能拘泥于文字之形也。今则古文字学之材料积累日多，自可进一步求其精审。在古时，一引申之词既未离原字而独立，在持论者心中口中自易混淆。今之职业的哲学家犹不能以逻辑严格之界律限辞说，遑论周世之人？两字未各立，即两词易混淆之故也。且"生"与"性"，"令"与"命"之语法的关系，吾固不敢忽略，将于本卷之末一章详加推索。此章乃本卷所统计与所分析之结果，读者幸留意焉。

第二章　周代金文中"生""令""命" 三字之统计及其字义

周代钟鼎彝器款识中，生字屡见，性字不见。生字之含义约有下列数事。

一、人名之下一字。

例如：

盆　　卣（《三代吉金文存》〔以下简称代〕一三·三四）

宜生商（赏）盆，用作父辛尊彝。

中　　鼎（《啸堂集古录》〔以下简称啸〕上·一一）

中呼归生覼于王。

师　害　毁（代 八·三四）　麋生舀父师害。

城虢遣生毁（代 七·三四）　城虢遣生作旅毁。

冀　仲　壶（代一二·一三）　冀仲作朋生歠壶。

格　伯　毁（代 九·一四）　格伯取良马乘于朋生。

周 棘 生 毁（代 七·四八）　周棘生作馘娵媵媵毁。

周　生　豆（代一〇·四七）　周生作尊豆。

召伯虎毁一（《攗古录·金文》　　三之二·二五，以下简称攗）
　　　　　　　　　　　　　　　琱生又事召，来合事。

召伯虎毁二（代九·二一）　　伯氏则报璧琱生。

师　訇　毁（代九·三五）　　宰琱生内右师訇。

单　伯　钟（代一·一六）　　单伯旲生曰……。

单旲生豆（啸下·六三）　　单旲生作羞豆，用亯。

旲　生　钟（攗三之一·三〇）　旲生用作陕公大縈钟。

番　生　毁（代九·三七）　　番生不敢弗帅井皇祖考不
　　　　　　　　　　　　　　　坏元德。

番匊生壶（代一二·二四）　　番匊生铸塍壶。

番仲吴生鼎（代三·四三）　　番仲吴生作尊鼎。

安伯舅生壶（代一二·一〇）　安伯舅生作旅壶。

伯君黄生匦（代一七·三六）　唯□伯君黄生自作匦。

無爹鲁生鼎（代三·三九）　　舞爹鲁生作寿母塍鼎。

鳳六生室鼎（啸上·一八）　　鳳六生室作其鼎。

颂　　　鼎（代四·三七，毁壶同）王呼史虢生册令颂。

翏　生　盨（代一〇·四四）　王征南淮夷……翏生從。

武　生　鼎（代三·三五）　　武生毁方作其羞鼎。

禹　　　彝（代六·四八）　　隽生蔑禹曆。

伊生　彝（代六·三九）　　伊生作公女尊彝。

卤弗生甀（代五·　七）　　卤弗生作旅甀。

厈　生　鼎（代三·一六）　　鲁内小臣厈生作鼑。

殳僎生毁（啸下·九八）　　殳僎生作尹姞尊毁。

威者生鼎（代三·五二）　　威者生□□用吉金作宝鼎。

须炗生鼎（代三·　八）　　须炗生之飤鼎。

按：生字在人名中虽常见，然尽属下一字。（张苑峰曰：《西清古鉴》八·四三，生辨尊："隹王南征，在序，王令生辨事厥公宗小子。生锡金。"疑生字上有笔画缺落因而脱摹，不能据以为生字可用作人名之上一字也。）《左传》中人名类此者，有郑庄公寤生、齐悼公阳生、晋太子申生、鲁公子彭生，亦尽属下一字，当与上文所举者为一式。此类命名之谊今多不可确知。然寤生由于"莊公寤生，惊姜氏"。申生之母齐姜，申则姜姓之巨族。彭生或即朋生，指孪生而言。然则所谓某生者，以其生之所由或其初生之一种情态命之名也。果如此说，则此处生字之义是生字之本训也。

二、"既生霸"。"既生霸"一词为金文中最习见语之一，不烦举例。"生霸"与"死霸"既为相对之二词，则此处生之一词犹是本训，即出生之意。

三、"生妣"。召仲鬲（代五·三四）云："召仲作生妣尊鬲。"此所谓生妣，当是庶孽称其所自出之庶妣，亦即《诗》"夙兴夜寐，无忝尔所生"之生也。生字在此处亦为本训。（张苑峰曰：《贞松堂集古遗文补遗》上·三四有尊，铭曰："□作厥𝑥考宝尊彝。"原释"生考"，而字形体不类，当是皇字之别构，如陈逆簠邵王之諻鼎等铭，非生字也。）

四、"子㹲"。鄰镈（代一·六七）云："用旂寿老母死，保虗兄弟，用求匃命弥生，箾箾义政，保虗子㹲。"按"子㹲"即典籍中所谓子姓，子孙男女之共名也，故加人旁。此器以形制字体论，当为春秋晚期或战国器，此时加偏旁之自由已甚发达矣。

五、"百生"例如：

臣辰卣（代一三·四四，尊盉同）　　丰百生豚。

善　鼎（代四·三六）　　　　　　余其用各我宗子雩百生。

兮甲盘（代一七·二○）　　　　其惟我诸侯百生厥贮母不即市。

史颂鼎（代四·二六，毁同）　　里君百生。

按："百生"连"宗子""里君"为文，即典籍中所谓百姓也。徐沇儿钟（代一·五四）以形制字体论当为春秋中期或晚期物，徐亡前不久之作。其文曰"龢遌（按此当即《康诰》"四方民大和会"之和会二字）百生"，犹未加女旁。（张苑峰曰：秦公钟〔《薛氏钟鼎款识》七·六〕"万生是敕"，与秦公毁（代九·三三）"万民是敕"句相当，皆春秋末期物，已失古者称生与民之别，然仍未如女旁。

六、"弥厥生"。例如：

叔休孙父毁（啸下·五五）　永令弥厥生。

𤎩　姞　毁（代六·五三）　永令弥厥生。

𤏶　铺（代一·六七）　用求匄命弥生。

按：金文之"弥厥生"即《诗·卷阿》三见之"弥尔性"。据郑笺"弥，长也"，此祈求长生之词也。参看孙诒让之《古籀拾遗》卷中第二十三叶，及徐氏中舒之《金文嘏辞释例》。（《历史语言研究所集刊》第六本）

试将上列六项归纳之，则知金文中"生"字之用，虽非一类，要皆不离"生"字之本义。阮芸台以《诗经》之"弥尔性"为西周人论性说，乃由后世传本《诗经》之文字误之，可谓"无中生有"者矣。今再表以明之：

$$
\text{金文中生字}\begin{cases}
\text{（一）人名} \\
\text{（二）"生霸"}\quad\left.\vphantom{\begin{matrix}a\\a\\a\end{matrix}}\right\}\text{与后人用生字同} \\
\text{（三）"生妣"} \\
\text{（四）"子㽙"}\quad\left.\vphantom{\begin{matrix}a\\a\end{matrix}}\right\}\text{后人以姓字书之} \\
\text{（五）"百生"} \\
\text{（六）弥厥生——《诗》以性字书之，后人所改写也。} \\
\qquad\qquad\quad\text{此即后人所谓"生命"。}
\end{cases}
$$

令字在甲骨文字中频出现，其语意与金文同，命字则无之，足知命为后起之字也。甲骨文字中令字作下列诸形：

$\mathbf{\hat{z}}$（《殷虚书契》一·四四）

$\mathbf{\hat{z}}$（殷一·四九）

$\mathbf{\hat{z}}$（殷四·二七）

$\mathbf{\hat{z}}$（殷七·一〇）

$\mathbf{\hat{z}}$（殷七·三二）

$\mathbf{\hat{z}}$（殷八·一四）

按：金文中之令字亦有作此形者，皆甚早期之器，或在周初，或当在殷世。例如：

$\mathbf{\hat{z}}$令　　彝（薛二·一八，代六·一）仅一字

$\mathbf{\hat{z}}$令斧父辛卣（代一三·四）

文曰："令斧父辛。"

$\mathbf{\hat{z}}$ 母辛卣（代一三·四二）

15

文曰："乙子，子令小子💥先吕人于堇。……子曰令皇人方鬲。"

🦌 文 父 丁 毁（代八·三三）

文曰："癸子……令伐人方鬲。"

🦌 毓 祖 丁 卣（代一三·三八）

文曰："辛亥，王在廙，降命曰……"

🦌 伐 甬 鼎（代四·七）

文曰："丁卯，王令圂子迨西方于省。"

🦌 庚午父乙鼎（代四·一一）

文曰："庚午，王令䎽辰省北田四品。"

🦌 子 令 彝（代六·四二）

文曰："子令作父癸宝障彝。"

以上诸器固属于世所谓殷器之一格也。其皆为殷器否未可知，然字形既与甲骨文相应，其微有不同处由于刀法笔法之差异使然，则其中自必有殷器，至迟亦当在周初也。亦有确知为周创业时期器，其中令字之形态与此为一系者，例如：

🦌 臣辰卣（代一三·四四，尊盉同）

文曰："王令士上眔史寅殷于成周。"

🦌 小臣傅毁（代八·五二）

文曰："王在京，令师田父殷成周□师田父令小臣传……师田父令余。"

🦌 小臣𧙙毁（代九·一一）

文曰："白懋父承王令……"

16

🔆周公毁（代六·五四）

文曰："王令燊眔内史曰……克奔走上下帝无终令于有周。……用册王令作周公彝。"

🔆令　彝（代六·五六，尊同）

文曰："王令周公子明保尹三事四方。……令矢告于周公宫。公令𦎎同卿事寮。……𦎎令舍三事令。……舍四方令，既咸令。……锡令𨟆金小牛。……迺令曰，今我惟令女二人。……作册令敢扬明公尹人宝。"

🔆令　毁（代九·二七）

文曰："作册矢令障俎于王姜，姜商令贝十朋。……令敢扬皇王宝……令用弃展于皇王，令敢展皇王宝。"

🔆太保毁（代八·四〇）

文曰："王降征令于太保。用兹彝對令。"

据此可知此令字之原形保存至于周初也。此自是令字之本式，像一人屈身跽于一三角形之下。作▲者其本形，作∧∧者从刀法而变也。（举此数例，足征令字之本形。下文列举两周金文中令字，内亦间有类于此体者，盖新体虽已习用，旧体或仍有人偶一用之。）

《说文解字》卩部令字下云："发号也：从A卩。"令字在小篆固从A卩，而A卩二文之解，许一失而一阙之。卩字下云："瑞信也。守邦国者用玉卩，守都鄙者用角卩，使山邦者用虎卩，土邦者用人卩，泽邦者用龙卩，门关者用符卩，货贿用玺卩，道路用旌卩，象相合之形。"按：此乃用战国以来符节之简字说字源，复强为类别，汉儒之陋说也。征之甲骨文及金文，"卩"之原始形乃像一人屈身而跽，与相合之义无关。A字下云"从∧一，象三合之形"，然此三

17

合何义，许亦无说。张苑峰曰：北平故宫博物馆藏一鼎，由形制纹绘铭文字体考之，皆可断为商器。其文曰："乃（仍）孙作祖已宗宝尊鬶，▨◈。"（代三·二一）"▨◈"二字即周代金文成语中习见之"▧令"。（如麦彝云："用作尊彝，用龢井侯出入，▧令。"麦尊云："麦扬，用作宝尊彝，用龢侯逆䚄，▧明令。"史颂殷云："用作▩彝，颂其万年无疆，日▧天子顯令。"皆与此鼎铭文义相同。）又古文字中从∧、Λ、⋂、多互相变易，如甲骨文▩（殷六·二九卣）字或作▩（殷契佚存七二〇）、▩（佚九五八），盂鼎亯字作▩，邾公釛钟宾字作▧（关于此字王国维与林浩卿博士论洛诰书曾详论之，虽未尽是，可供参考）。王人甗▩君簠（共四铭）宝字皆从∧。因知▩必为令字之变体，其从⋂即由▲若∧两端下引而成，是▲∧Λ与⋂之义当相若。（说文："⋂交覆深屋也，象形。"）盖本为屋宇或帐幕之原始象形，故⋂、介、▩、𪉖、京、高、倉、亯等文皆基于此以构成，而金文中从之者又有▩（代五·三父己甗。疑即令鼎、噩侯驭方鼎、静殷等铭中"卿射"之卿字，答也）、▩（代一二·五六父癸卣，又一六·三父乙爵。即虞书"金曰伯夷"之金字）诸字也。古者发号施令恒于宫庙行之，凡受命者引领待于其下，是以令字如此作。（以上张君说。）

自此原始形态演变乃有▩▩（见盂鼎）、▩（见沈子它殷）诸形。两周金文多数如此，于是像一人屈身而跽之义不明见矣。此后起之形，创始似亦不迟，然本体仍在使用。如令字从此形之明公殷，其文曰："惟王▩明公遣三族伐东国，在□，鲁侯又囚工，用作旅彝。"以明公及伐东国为证，知此器必在成王世，亦知令字之新体不后于成王世。惟此铭流传无原拓，今仅见者为摹刻（代六·四九）或缩临（《西清古鉴》一三·八）之本，是否有抚写上之差误，亦正未敢定耳。

两周金文中之令字除上文所举者外，兹依器别抄于下方。（既论一字形体，自应以时代为序，以资识其演变。不幸此理想的办法竟不能采用，则以各器之时代可知者固不少，徒知其大齐不能确断其年代者尤多也。且令字之形态，虽上文所举诸例差似异于一般习见之令字，然实亦此字之原始形状，自此原始形状演而为西周金文中通用令字之体，在各器可谓大体一致，并无类的差别。故依器别之排列法未足以引人误会也。）

班　　殷（《西清古鉴》〔简称西〕一三·一二）　王令毛伯更虢城公服。……令锡怜勒。咸。王令毛公以邦冢君，士驭，载人，伐东国痛戎。咸。王令吴伯曰：以乃自左比毛父。王令吕伯曰：以乃自右比毛父。遣令曰：以乃族从父征。……公告厥事于上：惟民珉徣才（哉）彝悉天令，故亡。

沈 子 也 殷（代九·三八）　也曰：拜颖首，敢取邵告朕吾考令。……克成妥吾考以于显显受令。……用水霝令。

静　　殷（代六·五五）　王令静嗣射学宫。

彔 伯 彧 殷（代九·二七）　王若曰：……惠宏天令。

队 贮 殷（西二七·三〇）　王令东宫追以六自之年。

师 虎 殷（代九·二九）　王呼内史吴曰：册令虎。王若曰：虎。截先王既令乃祖考事，啻官嗣左右戯縣刑。今余惟帅井先王令，令女更乃祖考啻官嗣左右戏縣刑。敬夙夜勿法朕令。

燮　　殷（代八·一九）　王令燮在（才）市旂。

免　　殷（代九·一二）　王各于大庙，井叔有免即令。王受作册尹书，俾册令免。曰：令女足周师辞嶽。

叚　　　毁（代八·五四）　王蔑叚廥，念毕仲孙子，令龚趴遣大则于叚。

卯　　　毁（代九·三七）　灥伯呼令卯曰：……昔乃祖亦既令乃父死嗣莽人。……今余惟令女死嗣莽宫莽人。

叔向父禺毁（代九·一三）　勖于永令。

望　　　毁（攈三之一·八三）　王呼史年册令望。

𡗐　　　毁（薛一四·一三二）　王呼史先册令𡗐。王若曰：𡗐。昔先王既令女作宰嗣王家，今余惟鼺豪乃命，命女𧻚舀覼正对各死嗣王家外内。……出入姜氏令。厥有见，有即令。……敬夙夕勿法朕令。

敬　　　毁（啸下·五五）　王令敬追御于上洛惄谷。

大　　　毁（代九·二五）　王令善夫𡗑曰……嬰令𡗑曰……

𡗐　姞　毁（代六·五三）　用簋匄眉寿绰绾，永令弥厥生，霝终。

师　俞　毁（代九·一九）　王呼作册内史册令师俞。

召伯虎毁（攈三之二·二五）　告曰：以君氏令。……召伯虎曰：余既嚃（讯）戾我考我母令，余弗敢嗣，余或至我考我母令。

召 伯 虎 毁（代九·二一）　召伯虎告曰：……亦我考幽伯幽姜令余告庆。……今余既嚃有嗣，曰戾令。

师　𩫡　毁（代九·三五）　王呼尹氏册令师𩫡。王若曰：……既令女更乃祖考嗣小辅，今余惟鼺豪乃令。……敬夙夜勿法朕令。

扬　　　毁（代九·二四）　王呼内史先册令扬。……敢对扬天子不显休令。

师　裵　毁（代九·二八）　王若曰：……令余肇令女達齐币，冥鳌，□□，左右虎臣，征淮夷。

20

番　生　殷（代九·三七）　番生不敢弗帅井皇祖考不杯元德，用鬻圙大令。……王令鬻嗣公族，卿事，大史寮。

追　　　殷（代九·五）　用簟匄眉寿永令。

无　昊　殷（代九·一）　敢对扬天子鲁休令。

师　獣　殷（啸下·五三）　伯龢父若曰：……余令女死我家。

戴　　　殷（啸下·九三）　王曰戴令女作嗣土。

师　訇　殷（薛一四·一三七）　王若曰：师訇。不显文武，□受天命。……用夹召厥辟，奠大令。……今余惟鬻嘉乃令，令女惠雝我邦小大獣。

守　　　殷（代八·四七）　守敢对扬天子休令。

师　兑　殷（代九·三）　王呼内史尹册令师兑。

师　兑　殷（代九·三〇）　王呼内史尹册令师兑。余既令女足师龢父嗣左右走马，今余惟鬻嘉乃令，令女觐嗣走马。

翼　　　殷（啸下·五一）　翼其沤沤，万年无疆，霝终霝令。

虢　姜　殷（薛一四·一二八）　簟匄康虢屯右，通录永令。

叔倏孙父殷（啸下·五五）　叔倏孙父作孟姜尊殷。绾绰眉寿，永令弥厥生，万年无疆，子子孙孙永宝用亯。

陈　逆　殷（代八·二八）　以貿永令眉寿。（战国初器。）

麦　　　彝（西一三·一〇）　用辪井侯出入緪令。

小　臣　宅　彝（代六·五四）　惟五月壬辰，同公在丰，令宅事伯懋父。

献　　　彝（代六·五三）　龢伯令厥臣献金车。

吴　　　彝（代六·五六）　王呼史戊册令吴。

虘　父　鼎（攈二之三·二六）　虘父作□宝鼎。延令曰：有女多兄，母又逷女，惟女率我友以事。

南宫中鼎（啸上·一〇）　王令大史兄裒土。……中对王休命。

南宫中鼎（啸上·一一）　惟王令南宫伐反虎方之年，王令中先省南国。

　　炎　　鼎（啸上·一〇）　王徙于楚麓，令小臣炎先省楚居。

　　寰　　鼎（攈二之三·七九）　王令趞葳东反夷。

　　史兽鼎（代四·二三）　尹令史兽立工于成周。

　　师旅鼎（代四·三一）　懋父令曰……

　　🔲　鼎（代四·一八）　兼公令🔲眔史旟曰：……

　　内史鼎（代四·七）　内史令焂事。锡金一钧。

　　盂　　鼎（代四·四二）　惟九月，王在宗周，令盂。王若曰：盂。不显玟王受天有大令。……我闻殷述（坠）令，惟殷边侯甸，雩殷正百辟，率肆于酒，故丧自。……今我惟即井面于玟王正德，若玟王二三正。今余惟令女盂召焚，敬雝德巠，敏朝夕入讕，亯奔走，畏天畏。王曰：永令女盂井乃嗣祖南公。……王曰：盂。若敬乃正，勿法朕令。

　　小盂鼎（攈三之三·四二一，代四·四四）　王令焚……延王令赏盂。

　　舀　　鼎（代四·四五）　王若曰：舀。令女更乃祖考嗣卜事。……则俾复令曰若（诺）。

　　雝伯鼎（代三·三一）　王令雝伯图于生为宫。

　　令　　鼎（代四·二七）　令眔奋先马走。王曰：令眔旧乃克至。……令拜頴首曰：小□迺学。令对扬王休。（令人名。）

　　员　　鼎（代四·五）　王令员执犬休善。

　　善　　鼎（代四·三六）　王曰：善。昔先王既令女左足𢀛侯，令余唯肇龢先王令，令女左足𢀛侯。

史 颂 鼎（代四·二六，殷同）　王在宗周，令史颂……颂其万年无强，日經天子顈令。

颂　　鼎（代四·三七，殷壶同）　尹氏受王令书。王呼史虢生册令颂。王曰：颂。令女官嗣成周。……颂拜顈首受令册。……通彔永令。

无 重 鼎（代四·三四）　王呼史友册令无重。

师 晨 鼎（攈三之二·二一）　王呼作册尹册令师晨……晨拜顈首敢对扬天子不显休令。

匉　　鼎（代四·二一）　遣中令匉瓤嗣郑田。

大　　鼎（代四·三二）　王召走马雁，令取雔骉三十二匹锡大。

克　　鼎（代四·四〇）　克曰：穆穆朕文祖师华父……肄克龚保厥辟龚王。……出内王令。……王呼尹氏册令善夫克。王若曰：克。昔余既令女出内朕令，今余惟龗纛乃令。……敬夙夜用事，勿法朕令。

融攸从鼎（代四·三五）　王令眚史南以即虢旅。

裒　　鼎（薛一〇·九五）　史斱受王令书。……裒拜顈首，敢对扬天子不显叚休令。

敔 纛 鼎（薛一〇·九四）　王令敔纛。……眉寿。永令霝终。

史 颂 鼎（啸上·九）　用蕲句眉寿。永令飂终。

伯硕父鼎（啸上·九）　眉寿绾绰永令。

晋 姜 鼎（啸上·八）　勿法文侯顈令。（按此为东周器。）

父 乙 甗（薛一六·一五六）　王令中先省南国。……王今曰：余令女史小大邦。

鷪　　钟（啸下·八二）　公令宰仆锡鷪金十匀。

克　　钟（代一·二一）　王亲令克通泾东至于京自。……克不敢坠，专奠王令。……用匄屯叚永令。

通　录　钟（代一·一二）　勖于永令。

单伯岊生钟（代一·一六）　单伯岊生曰：不显皇祖剌考述速匹先王，爵堇天令。

鴮　羌　钟（代一·三二）　赏于韩宗，令于晋公，邵于天子。（按此是春秋末期器）

孟　　　爵（代一六·四一）　王令孟宁聂伯。

麦　　　尊（西八·三三）王令辟井侯出犷，侯于井。……用鹝侯逆凼，**經**明令。……旁旋走令。

趩　　　尊（代一一·三八）　王呼内史册令趩更厥祖考服。

生　辨　尊（西八·四三）　惟王南征在庤，王令生辨事厥公宗小子。

睘　　　卣（代一三·四〇）　王姜令作册睘安夷伯。

貉　子　卣（代一三·四一）　王令士道归貉子鹿三。

灵　　卣（代一三·三九）　公姞令**灵**嗣田人。

彔　夋　卣（代一三·四三，尊同）　王令夋曰：戜淮夷敢伐内国。

农　　　卣（代一三·四二）　王窥令伯絧曰：……

免　　　卣（代一三·四三）　王蔑免曆，今史懋易免载市同黄，作嗣工。

史　懋　壶（代一二·二八）　王在蒌京潘宫，窥令史懋路簘咸。

舀　　　壶（代一二·二九）　王呼尹氏册令舀。……舀拜手頿首，敢对扬天子不显鲁休令。……舀用匄万年眉寿，永令多福。

免　　　盙（代一四·一二）　王在周，令作册内史锡免卤百陵。

免　　　簠（摅三之一·二五）　王在周，令免作嗣土。

24

　　鼒　从　盨（代一〇·四五）　王在永师田宫，令小臣成友。……

　　克　　盨（代一〇·四四）　王令尹氏友史趞典善夫克田人。
……眉寿永令。

　　杜　伯　盨（代一〇·四〇）　用夒寿匄永令。

　　大师虘豆（代一〇·四七）用匄永令。

　　兮　甲　盘（代一七·二〇）王令甲政嗣成周四方责，至于南淮夷。
……敢不用令则即井敻伐。

　　休　　盘（代一七·一八）休拜颉首，敢对扬天子不显休令。

　　归纳上列令字之用，不出“王令”“天令”之二端，间有所令出
自长上不专指君王者，然此固王令之一类也。曰“显令”，曰“丕显
休令”，曰“天子鲁休令”，皆王令也。曰“文武受令”，曰“大令”，
则天令也。“永令霝终”之祈语，即召诰所谓“祈天永命”也。当时
人之天帝观实富于人化主义（anthropomorphism）之色彩，皇天之
命固“谆谆然命之”。此可以《诗·大雅·皇矣》为证：“帝省其山”，
“帝度其心”，“帝谓文王”，“乃眷西顾”，此神之情欲与喜怒俨然如
人情欲与喜怒。然则此时所谓天命当与王命无殊，而令之一字在此
两处使用者，就辞义论固绝对无差别也。

　　金文中但用命字不用令字之器，列举如下：

　　君　夫　毁（代八·四七）　王在康宫太室，王命君夫曰，價求乃
友。（据本文，此器必在康王之后。）

　　贤　　毁（代八·二八）　公叔初见于卫，贤从，公命事。

　　齵　　毁（代九·四）　王曰：齵。命女嗣成周里人。……敢对
扬王休命。（以上三器，字体不属西周晚期，然字形及行列皆整齐，
亦非西周初期器也。）

　　命　　毁（代八·三一）王锡命鹿。用作宝彝，命其永以多友毁

25

飤。（命人名。）

　　滕 虎 敦（代七·二九）　滕虎敢肇作厥皇考公命中宝尊彝。（王静安曰："此敦文字乃周中叶以后物。"）

　　同　　敦（代九·一七）　王在宗周，各于大庙，㽙伯右同，……王命同差（左）右吴大父，嗣易林吴牧。……（铭中有㽙伯，当与康鼎为同时器。）

　　伯 康 敦（代八·四五）　伯康作宝敦。……受兹永命。（以字体论与康鼎无别，疑是一人之器。）

　　豆 闭 敦（代九·一八）　各王于师戏大室，井伯入右豆闭，王呼内史册命豆闭……敢对扬天子不显休命。

　　师毛父敦（啸下·五二）　师毛父即位，井伯右，内史册命。

　　鄱　　敦（薛一四·一三四）　毛伯内门立中廷，右祝鄱，王呼内史册命鄱。王曰：鄱。昔先王既命女作邑䣪五邑祝，今余惟䌈𡊄乃命……敢对扬天子休命。（毛伯即前器之师毛父。）

　　（此上五器与赵曹鼎〔代四·二四〕康鼎人名参午交错，故当约略同时，为共王前后之物。除豆闭敦外，其余四器命字口部皆为骈枝，附赘于令字结构之外，如命。〔同敦。〕）

　　伊　　敦（代九·二〇）　王在周康宫……䌈季内右……王呼命尹（令尹）𡊄册命伊。（此器字体属于西周晚期。郭氏沫若曰"䌈季亦见大克鼎"。此器时代当以大克鼎之时代定之也。）

　　蒬　　簋（代八·五〇）　王命蒬㫪叔燹父归吴姬馔器。（以字体论似为周中叶器。）

　　谏　　敦（代九·一九）　王呼内史先册命谏曰：先王既命女䣪嗣王宥……今余惟或嗣命女。

　　乖 伯 敦（恪斋集古录一一·二二）　王命益公征眉敖。……王命仲致归乖伯韶裘。王若曰：乖伯。朕不显祖玟斌雁受大命。乃祖克奉先王，异自它邦，又宁于大命。……用鲞屯录永命。（郭氏沫若定为宣王时器。）

（以上二器字体相近，约当同时。）

害　毁（啸下·五六）　王在屖宫……王册命害。……害頜首对扬王休命。（唐氏兰以屖宫为夷王宫。）

秦公毁（代九·三三）　秦公曰：不显朕皇祖受天命。……严龚夤天命。（此春秋末期器。）

蛊　盨（薛一五·一五一）　王曰：蛊。……勿事馘（暴）虐从（纵）狱，爰夺戲行道，厥非正命，迺敢疾（侯）嚵（讯）人，则唯辅天降丧，不廷唯死。……敬夙夕勿法朕命。（此西周末期物。）

姬突豆（薛一五·一五二）　用鲞眉寿就命多福。〔按此齐器（据考古图），所奉列公至静公止，当为夷王时器也。〕

陈逆簠（代一〇·二五）　永命眉寿万年。（战国初器。）

趞　鼎（代四·三三）　内史即命。王若曰：趞。命女作歔自冢鲥马。（疑与满毁同时，两器皆为季姜作，趞即彼器之叔燹父也。）

康　鼎（代四·二五）　王在康宫，幽伯内右康，王命死鲥王家。……郑井。

利　鼎（代四·二七）　王客于般宫，井伯内右利。……王呼作命内史册命利。

〔以上二器字体非西周初期，般宫及井伯并见趞曹鼎（代四·二四），当为共王或其前后之器。〕命字之从口部分突出行外，似当时令字加口之式犹未用得自然，与此字之全体犹未融化也。此类口部突出行外者，当为命字初起之形。从此可知命字之起，盖在西周中叶也。

师奎父鼎（代四·三四）　嗣马井伯右师奎父。王呼内史驹册命师奎父。

师　望　鼎（代四·三五）　……出内王命。

伯　晨　鼎（代四·三六）　王命甂侯伯晨。……用夙夜事勿法朕命。

成　　鼎（啸上·一三）　……自考幽大叔懿□命成……作命臣工。……王□命逋六自殷八自曰□成。（文中有噩侯驭方，当与噩侯鼎为同时器。又字体与翏生盨，虢仲盨，宗周钟，无㠱毁等极相似，盖同记厉王南征事也。）

毛　公　鼎（代四·四六）　王若曰：父厝。不显文武，皇天弘厌厥德，配我有周，雁受大命。……惟天儔集厥命。……劳董大命。……不巩先王配命……余唯肇巠先王命，命女辥我邦我家内外。……䜌圈大命。……专命专政。……历自今出入专命于外，厥非先告父厝，父厝舍命，毋有敢惷尃命于外。……今余唯䜌先王命，命女亟一方。……命女飘嗣公族。……（文中命字十二见，皆作命无作令者。郭氏沫若以为宣王时器。以多事证之，此说已成定论。又"政"字不作"正"，"铃"字作"鋞"，皆晚期字，亦可注意者也。）

郸孝子鼎（代三·三六）　郸孝子以庚寅之日命铸飤鼎。（春秋末期器。）

命　甗（代五·四）　命作宝彝。（命，人名。）

夆伯甗（代五·六）　夆伯命作旅彝。（此器命字从口之部在行列之外。）

冥生钟（捃三之一·三〇）　王命……（与单伯冥生钟为同人之器。）

齐　侯　镈（啸下·七五）　余命女政于朕三军。……公曰：
夷。女敬共辪命。……余命女嗣辪鄙。……弗敢不对扬朕辪皇君之
锡休命。……余用登屯厚乃命。……余命女裁差卿为大事，觌命于
外内之事。……余弗敢法乃命。……虩虩成唐（汤）又敢在帝所，
敷受天命。……用旂眉寿霝命难老。

黐　　　镈（代一·六七）　用蕲侯氏永命万年。……用求亏
命弥生。（以上二齐器皆春秋时。）

公 孙 班 镈（代一·三五）　霝命无其。（春秋器。）

秦　公　钟（薛六·五六）　不显朕皇祖受天命。……严龚夤
天命。（春秋末期器。）

競　　　卣（代一三·四四）　惟伯犀父以成自即东命伐南夷
（似属于西周中叶。）

齐　侯　壶（代一二·三三）　齐侯命大子乘遽□叩宗伯，听
命于天子。……齐侯拜嘉命，于上天子用璧玉备一嗣，于大无嗣折
于大嗣命用璧，两壶八鼎，于南宫子用璧二备，玉二嗣，鼓钟一
针。……洹子孟姜用气嘉命。（春秋器。）

嗣　子　壶（代一二·二八）　命瓜君嗣子作铸尊壶。（战国初
器。）

齐大宰归父盘（代一七·一四）　以蕲眉寿霝命难老。（春秋器。）

晋　邦　盘（代一八·一三）　晋公曰：我皇祖鄡（唐）公□
受大命，左右武王。……王命鄡公，□宅京自。（春秋末期器。）

鱼　鼎　匕（代一八·三〇）　……下民无智，参蠱蚘命，帛
命入歔，藉入藉出，母处其所。（春秋末期或战国器。）

子 禾 子 釜（代一八·二三）　命訽陈导。……如关人不用命。

陈　犹　釜（代一八·二三）　命左关币犋敕成。（以上二器皆

29

田齐。)

王命逊车键（代一八·三六）　王命逊赁一稻飤之。（战国器。）

以上各器用命字不用令字者，虽其时代多不可确知，然核其故实，论其字体，无一可指实为穆王以前器者，而甚多属于厉宣之世。即如宣王时之毛公鼎，文中命字十二见，无一作令字者，且铃字亦从命作鉇（金文如番生毁、师衮毁皆有铃字）。是知宣世命字之用已严整固定矣。至其文义则与上节用令字者全无分别，依此可知此命字之演出仅系一词之异字，非异词也。

更有一类，一器中令命二字并见，或同式异器中令命二字互见者，综举之如下：

师　西　毁（代九·二一著录三件，器盖拓片凡六）　王呼史墙册命（四作命，两作令）师西。……敬夙夜勿法朕令（皆作令）。师西拜颊首对扬天子不显休命（五作命，一作令。此器花纹与毛公鼎同，以字体论当较早，盖西周中叶之物）。

不　毁　毁（代九·四八）　白氏曰：不毁驭方。厰允广伐西俞，王令我羞追于西，余来归献禽，余命女御追于畧。（此毁花纹与史颂毁、善夫克盨完全相同，时代当与善夫克诸器相近。郭氏沫若以为与虢季子白盘同时。）

（以上两器命字口部皆突出，附加于令字结体之外，未融为一。）

牧　　毁（薛一四·一三九）　王呼内史吴册令牧。王若曰：牧。昔先王既令女作嗣土，今余唯或廢改，令女辟百寮。……今余唯龘曩乃命（考古图三·二四摹本亦作命），……敬夙夕勿法朕令。（此毁花纹与大克鼎、小克鼎、虢季子白盘同，时代亦当相近。）

小　克　鼎（代四·二八著录凡七器）　王命（六作命，一作令）善夫克舍令（皆作令）于成周遹正八自之年，克作朕皇祖釐季宝宗彝。……永令（皆作令）霝终。（小克鼎之善夫克，即大克鼎之善夫克。大克鼎记善夫克之祖曰师华父"龏保厥辟龏（共）王"。按考为生父之专称，祖则自王父以上皆可称之，金文中有连记祖名至于二三者，如🔲簋鮴镈等器，又《诗·阄宫》本为僖公时诗，其辞有曰"皇祖后稷""周公皇祖"。是虽祖始亦与王父同称也。师华父与釐季是否一人而仅为名字之异，今不可知，如以为非一人亦自通。是则善夫克之王父或曾祖高祖仕于共王朝。善夫克氏不能先于夷王，至于下限则以不知师华父为善夫克之几世祖，不能确知矣。然此器之属于西周晚期据此可定也。）

此一类之器，论其时代俱不能上及昭穆之世，成康无论矣。据此诸器，足征令、命二字之为互用，且为同时并用者。然则在当时此二字必无异样之读法，仅为一词之异体耳。在一器中或在同式器中竟不画一，似是暗示此类器之时代正为始用命字之时代，后来因分化而画一，当时未分化故未画一也。果此解不误，则命字之起其在西周中叶耶？其差后于🔲改为🔲形而相去不远耶？命字之始作🔲，口部全在行列之外者（如君夫簋、䚇簋、命簋、萳簋、同簋、伊簋，酆簋、利鼎、康鼎、夆伯命甗等器，最显），其命字之最初式耶？曾试作一图以明此义，见本卷第十章。

第三章 《周诰》中之"性""命"字

今如泛然统计《尚书》中之性命字而不于篇章加以别择，乃甚无谓。盖《尚书》者，来源最不整齐之书也。不特东晋古文出自虚造，即伏生所传，益以《大誓》之二十八篇不可据者亦复不少。如《禹贡》《洪范》，春秋战国时人聚集多方材料，凭臆想而成之典书，与《周官》同科者也。如《甘誓》《汤誓》《大誓》，亦春秋战国时人为三代之创业务造一誓，以论汤武革命者也。如《尧典》《皋陶谟》，集若干异时异地相争相灭之部落之宗神于一"全神堂"上，大一统思想之表现，而非信史也。今姑舍是，专论周《诰》、殷《盘》，此二者亦非尽可为典要。《商书》中《盘庚》《高宗肜日》《西伯戡黎》诸篇，固后人所信不以为伪书者，然诸篇文辞转比《周诰》易解，人不能无疑。夷考其辞，似非商之册典也。《高宗肜日》不知是何处之断简残篇，且儿子严辞教训其父，亦不近情理。《西伯》《微子》则纯依周人之立场说话，自称殷而诅咒之！《盘庚》视此为胜，然洋洋大篇，皆空语无事实，且未迁殷之前已曰"殷降大虐"，尤属不通（郑于此有解，然愈解愈见其不可通也）。殷商人自称曰商，绝不称殷，甲骨文中全无例外，所谓"大邑商"，即洹都也。周人乃称之曰殷。其曰殷商者，当为在殷之商之义。殷本故国，商人卜都，故商人不自称殷。今《商书》之称殷足以证其非殷代之书。若以《商颂》称"殷土""殷武"为例,则宜知《商颂》实宋颂,作于襄公之世,或少前,彼时商代久亡,殷地为故国旧墟矣,其习于外国周人所用之称号亦固其宜。其曰"殷土""殷武",正遥念故国耳,此非所论于商代之书也。即专就《周诰》言,亦有不可据者,如《金滕》当是鲁人之传说,事关记事,不涉诰命。又如《吕刑》,乃是吕王之诰,南国之献,与周人全无干涉者也(余别有考)。今舍此可疑者,并去其与本文题旨无关者,凡所统计以《周诰》十二篇为限,即《大诰》《康诰》《酒诰》《梓材》《召诰》《洛诰》《多士》《无逸》《君奭》《多方》《立政》《顾命》(所谓《康王之诰》在内),自周公称王至康王践阼,共约四十年间之书,正与西周初期之彝器铭辞同时,亦与《雅》《颂》之时代相差不远。故此章所论可与上下两章为一系。

一 论《周诰》中本无"性"字

上列十二篇《周诰》中"性"字仅一见,在《召诰》,其文曰:"节性,惟日其迈,王敬作所不可不敬德。"此乃周公训戒成王之词,勉之以节性,复申告以日月迁逝,不可不敬德也。"节性"之解在《召诰》中无证,当于他书中求证。幸《吕氏春秋》犹存此名词,并载其解故。《吕氏春秋·重己篇》曰:

是故先王不处大室,不为高台,味不众珍,衣不烨热。烨热则理塞,理塞则气不达。味众珍则胃充,胃充则中大鞔,中大鞔而气不达,以此长生可得乎?昔先圣王之为苑囿园池也,足以观望劳形而已矣;其为宫室台榭也,足以辟燥湿而已矣;其为舆马衣裘也,足

33

以逸身暖骸而已矣；其为饮食醴酏也，足以适味充虚而已矣；其为声色音乐也，足以安性自娱而已矣。五者圣王之所以养性也，非好俭而恶费也，节乎性也。

《重己》一篇皆论养生之道，末节尤明显。凡所论节生之方，不出宫室、苑囿、饮食、衣服、舆马、声色诸端，于此数者必有所止，有所节，无逾于身体之需要，捐弃其放侈之享受，然后可以长生久视耳。此皆所以论养生，终篇之乱，应题"节生"，其曰"节性"，曰"安性"者，后人传写，以"性"字代"生"字耳（《吕子全书》皆然，详下）。节性之义既如是，则《召诰》之云"节性"，在原文必作"节生"明矣。周公以此教成王，正虑其年少血气未定，如穷欲极侈必坠厥命，故勉其节生，治其身也；教以敬德，治其心也。阮芸台不知节性之本作节生，于此大发议论，可谓在迩而求诸远矣。

二 统计《周诰》十二篇之命字

《周诰》十二篇既与西周早期彝器铭辞之时代相应，自当仅有令字，未有命字，今所见本乃全是命字，并无令字，则传者以后世字体改写之也。兹撮录命字之出现处如下：

《大诰》

矧曰其有能格知天命？

敷前人受命。

绍天明即命。

不敢替上帝命。

克绥受兹命。

肆予曷敢不越卬敉宁王大命？（按《汉书·莽诰》作"予害敢不于身抚祖宗之所受大命"。又按"宁王"吴大澂谓是文王之误字，其说是也。）

亦惟十人迪知上帝命。（郑玄以十人为"乱臣十人"。）

尔亦不知天命不易。

天命不僭。

《康诰》

天乃大命文王，殪戎殷，诞受厥命。

不废在王命。

亦惟助王宅天命，作新民。

惟威惟虐，大放王命。（按："放"亦废字，其本字作"法"。）

惟命不于常。

明乃服命。

《酒诰》

明大命于妹邦。（按："妹"当与《诗》"牧野"之"牧"，"沫乡"之"沫"为一字。）

惟天降命。

克受殷之命。

酣身厥命。

今惟殷坠厥命。

《梓材》

王其效邦君越御事厥命。（按此谓教邦君及御事以此命也。）

用怿先王受命。

《召诰》

周公乃朝，用书，命庶殷侯甸男，邦伯。厥既命殷庶，庶殷丕作。（按"殷庶"当作"庶殷"。）

皇天上帝改厥元子兹大国殷之命。惟王受命无疆惟休。

天既遐终大邦殷之命。

越厥后王后民兹服厥命。

其眷命用懋。

今时既坠厥命。（此语两见。）

王厥有成命。

曰有夏服天命，惟有历年。

乃早坠厥命。（此语两见。）

曰有殷受天命，惟有历年。

今王嗣受厥命，我亦惟兹二国命嗣若功。

自贻哲命，今天其命哲，命吉凶，命历年。

用祈天永命。

其曰我受天命。

受天永命。

保受王威命明德，王末有成命。

能祈天永命。

《洛诰》

王如弗敢及天基命定命。

今王即命曰，记功宗以功作元祀，惟命曰，汝受命笃弼丕视功载。

罔不若予不敢废乃命。

奉答天命。

命公后。

王命予来承保乃文祖受命民。

乃命宁。

王命作册逸。

王命周公后作册逸。

惟周公诞保文武受命惟七年。

《多士》

我有周佑命，将天明威，致王罚，勑殷命终于帝。肆尔多士，非我小国敢弋殷命。厥惟废元命。

乃命尔先祖成汤革夏。

有命曰，割殷，告勑于帝。

时惟天命无违。

殷革夏命。

时惟天命。

昔朕来自奄，予大降尔四国民命（此谓昔者践奄之时，曾以大命降告于四国之民，非谓赐四国民以生命也。《多方》"我惟大降尔命"，大保毁"王降征命于大保"，皆其例，王国维说失之）。

予惟时命有申。

《无逸》

严恭寅畏天命。

文王受命惟中身。

《君奭》

殷既坠厥命。

我亦不敢宁于上帝命。

不知天命不易，天难谌，乃其坠命。

天不庸释于文王受命。

成汤既受命。

天惟纯祐命则。

今汝永念则有固命。

其集大命于厥躬。

惟时受有殷命。

我受命无疆惟休。

乃悉命汝作汝民极。

在亶乘兹大命。

《多方》

惟尔殷侯尹民，我惟大降尔命。

洪惟图天之命。

厥图帝之命。

乃大降显休命于成汤。

弗克以尔多方享天之命。

乃惟尔辟以尔多方大淫图天之命。

简畀殷命。

我惟大降尔四国民命。

尔曷不夹介乂我周王享天之命。

尔曷不惠王熙天之命。

尔乃不大宅天命，尔乃屑播天命。

乃有不用我降尔命。

尔不克劝忱我命。

尔乃惟逸，惟颇大远王命。

我惟祇告尔命。

《立政》

亦越成汤陟丕釐上帝之耿命。

式商受命。

《顾命》

兹予审训命汝。

用克达殷集大命。

兹既受命。

太保命仲桓南宫毛。

命作册度。

伯相命士须材。

御王册命。

道扬末命，命汝嗣训临君周邦。

皇天改大邦殷之命。

无坏我高祖寡命。

用端命于上帝。

乃命建侯树屏。

群公既皆听命。

统计以上"命"字之用法，知其与金文中"命""令"字全同，其包含"命"字之成语亦多同，惟彼以"王命"为多，此以"天命"为多，是由《周诰》乃建国之谟训，金文乃王命之记荣，故成分上有差别也。

第四章 《诗经》中之"性""命"字

一 论《诗经》中本无"性"字

《诗经》中之"生"字,其用法与今日无殊,不需举例,今但论"性"字。《诗经》中之"性"字仅出现于《大雅·卷阿》,其文云:

> 伴奂尔游矣,优游尔休矣。
> 岂弟君子,俾尔弥尔性,似先公酋矣。
> 尔土宇昄章,亦孔之厚矣。
> 岂弟君子,俾尔弥尔性,百神尔主矣。
> 尔受命长矣,茀禄尔康矣。
> 岂弟君子,俾尔弥尔性,纯嘏尔常矣。

笺曰,"弥终也",又曰,"乃使女终女之性命"。此固可证郑所见《诗经》已作性字,然此说实觉文义不顺。后世所谓惟命者,实即今人所谓生命。此章本为祝福之语,所谓"俾尔弥尔性"者,即谓"俾尔终尔之一生",性固不可终,则此处之"性"字必为"生"

字明矣。且此点可以金文证之：

叔㑊孙父毁（啸下·五五，薛一四·一二八）绾绰眉寿，永令弥底生，万年无疆。

🔆 姞簋（㝬一一·二二，代六·五三）用祈匃眉绾绰寿，永令弥厥生，霝终。

齐鞶镈（㝬二·二一，代一·六七）用祈侯氏永命万年，鞶保其身。……用祈寿老毋死，保虡兄弟。用求考命弥生，肃肃义政，保虡子姓。

《诗》所谓"弥尔性"在金文中正作"弥厥生"，其出现全在祈求寿考之吉语中。从此可知弥生即长生，从此可知"诗三百"中不特无论性之哲学如阮氏所附会者，即性之一字本亦无之也（参看徐中舒先生《金文嘏辞释例》，见《历史语言研究所集刊》第六本）。

二 《诗经》中之"令""命"字

《诗经》中之"令"字与"命令"一义无涉者，有下列诸项：

一、《毛传》以"命令"为缨环声者：

《齐风·卢令》，卢令令。

二、《郑笺》以"脊令"为雍渠者：

《小雅·常棣》，脊令在原。笺曰："雍渠，水鸟。"

《小雅·小宛》，题彼脊令。传曰："脊令不能自舍。"

三、《郑笺》以为训善者，或未明说，按其文义应与训善之"令"为一辞者：

《邶风·凯风》，我无令人。笺曰："令，善也。"

《小雅·蓼萧》，令德寿岂。

《小雅·湛露》，莫不令德。笺曰："令，善也。"

同，莫不令仪。

《小雅·十月之交》，不宁不令。笺曰："天下不安，政教不善之征。"

《小雅·车舝》，令德来教。笺曰："喻王有美茂之德。"

《小雅·宾之初筵》，维其令仪。笺曰："令，善也。"

《小雅·角弓》，此令兄弟。笺曰："令，善也。"

《大雅·文王》，令闻不已。笺曰："令，善。"

《大雅·既醉》，高朗令终。笺曰："令，善也。"

同，令终有俶。

《大雅·假乐》，显显令德。笺曰："天嘉乐成王有光光之善德。"

《大雅·卷阿》，令闻令望。笺曰："令，善也。"

《大雅·烝民》，令仪令色。笺曰："令，善也。"

《大雅·韩奕》，庆既令居。笺曰："庆，善也。"（按：此犹言善其善居也。）

《大雅·江汉》，令闻不已。笺曰："称扬王之德美。"

《鲁颂·閟宫》，令妻寿母。笺曰："令，善也。"

以上因字义之绝异，知其与令命字无涉。所有郑笺以之训善之"令"字及其同类之"令"字，在《诗经》本书皆原作"霝"字，不作"令"字，其证如下。

上段所举"高朗令终"，笺以其中之"令"字训善者，当即后世所谓善终。此一吉祝辞，屡见于金文，皆作"霝终"，且有与"令"字同出一器者。从此可知训善之"令"，在金文皆作"霝"，与"令"

绝不相混，亦不相涉也。如：

　　奰　敢（啸下·五一）万年无疆，霝终霝令。（按以后世通行字写之，当作"令终令命"。）

　　微繇鼎（薛一〇·九四）屯右眉寿，永令霝终，其万年无疆。（以后世通行字写之当作"永命令终"。）

　　克　鼎（憲五·五）眉寿永令，霝终，万年无疆。

　　颂　鼎（憲四·二三）万年眉寿无疆，畮臣天子，霝终。（按此祝已福，非祝天子之福，犹云服臣于王，得保首领以没。畮臣当连下读。）

据此，《诗》中训善之"令"字古皆作平声之"霝"，不作去声之"令"。后人既以"命"字代"令"字，乃以"令"字代"霝"字。故凡此训善之"令"字皆可剔出，以其与命令之辞意无关也。兹更图以明之：

　　　　金　　文　霝（平声）　　令（去声）

　　　　　　　　　↓　　　　　↓

　　　今本诗经　令（当亦平声）命（去声）

　　上图仅表示今本《诗经》对金文书式大体之转变，非全数如此。如"灵雨既零"，灵字未改写令。"自公令之"，令未改写命，是也。

　　此训善之"令"字既剔出，则知今本《诗经》中之"令"字存原义者，仅有两处，未改写"命"字：

　　《齐风·东方未明》，自公令之。上章言"自公召之"，则令即召也，即命也。

　　《秦风·车邻》，寺人之令。笺曰："必先令寺人，使传告之。"

此外皆作命字，动用、名用无别。（霝冬即令终，宋人已如此释金文。王怀祖先生更证明之，见《广雅疏证》卷一上"灵善也"及卷四下"冬终也"条。诗笺以为训善之"令"字原作"霝"，段懋堂已揭之，见《说文》"令"字注。）

《诗》中所有作动用之"命"字如下：

《小雅·出车》，王命南仲。

　　　　　同，天子命我。

《小雅·采菽》，天子命之。

《大雅·崧高》，王命召伯。（三见）

　　　　　同，王命申伯。

　　　　　同，王命傅御。

《大雅·烝民》，王命仲山甫。（再见）

《大雅·韩奕》，王亲命之。

《大雅·江汉》，王命召虎。（再见）

《大雅·常武》，王命卿士。

　　　　　同，命程伯休父。

《周颂·臣工》，命我众人。

《鲁颂·闷宫》，乃命鲁公。

以上命自王。

《鄘风·定之方中》，命彼倌人。

以上命自君。

《小雅·绵蛮》，命彼后车。（三见）

《大雅·抑》，匪面命之。

以上泛言命自在上者。

《大雅·文王》，上帝既命。

《大雅·大明》，命此文王。

　　　　同，保右命尔。

《大雅·假乐》，保右命之。

《商颂·玄鸟》，天命玄鸟。

　　　　同，古帝命武汤。

　　　　同，方命厥后。

《商颂·殷武》，天命多辟。

　　　　同，命于下国。

以上命自天。

《诗》中所有自动词出而变作名词或形容词之"命"字，如下：

《郑风·羔裘》，彼其之子，舍命不渝。（据惠栋、戴震、王国维诸氏说，舍训释，命则君王之命，郑笺失之。）

《小雅·采芑》，服其命服。（笺云："命服者，命为将受王命之服也。"）

《大雅·卷阿》，维君子命。

《大雅·烝民》，明命使赋。

　　　　同，出纳王命。

　　　　同，肃肃王命。

《大雅·韩奕》，韩侯受命。

　　　　同，无废朕命。

　　　　同，朕命不易。

　　　　同，以先祖受命。

《大雅·江汉》，自召祖命。

以上王命，或泛言在上者之命。

《唐风·扬之水》，我闻有命。

《大雅·抑》，讦谟定命。

以上亦自在上者之命一义出，引申为政令。

《小雅·十月之交》，天命不彻。

《小雅·小宛》，天命不又。

《大雅·文王》，其命维新。

　　　　同，帝命不时。

　　　　同，假哉天命。

　　　　同，天命靡常。

　　　　同，永言配命。（又见《大雅·下武》）

　　　　同，骏命不易。

　　　　同，命之不易。

《大雅·大明》，有命既集。

　　　　同，有命自天。

《大雅·皇矣》，受命既固。

《大雅·文王有声》，文王受命。

《大雅·既醉》，景命有仆。

《大雅·卷阿》，尔受命长矣。

《大雅·荡》，其命多辟。

　　　　同，其命匪谌。

　　　　同，大命以倾。

《大雅·云汉》，大命近止。（再见）

《大雅·江汉》，文武受命。

　　　　同，于周受命。

《大雅·召旻》，昔先王受命。

《周颂·维天之命》，维天之命。

《周颂·昊天有成命》，昊天有成命。

　　　　　　　　同，夙夜基命宥密。

《周颂·思文》，帝命率育。

《周颂·敬之》，命不易哉。

《周颂·桓》，天命匪懈。

《周颂·赉》，时周之命。（又见《周颂·般》）

《商颂·烈祖》，我受命溥将。

《商颂·玄鸟》，受命不殆。

　　　　　　同，殷受命咸宜。

《商颂·长发》，帝命不违。

　　　　　　同，帝命式于九围。

《商颂·殷武》，天命降监。（笺曰"天命乃下视下民"，故此句之命字为名用，与"天命玄鸟"之为动用者不同。）

以上天命。

《召南·小星》，寔命不同。

　　　　　　同，寔命不犹。

《鄘风·蝃蝀》，不知命也。

以上自天命之义引申而出，为"命定"之义。（"命正""命定"诸解，均详中卷。）

据上文所分析，《诗经》中"命"字之字义，以关于天命者为最多，其"命定"一义，则后来儒墨争斗之对象也。所有《诗》《书》中之天命观，及东周时代此一线思想之演变，均详中卷。

第五章 《左传》《国语》中之"性""命"字

　　《左传》《国语》两书编成之时代未易断定，其史料价值亦多异见。欲详辩此事，非可于此书中为之，姑举吾所信之假定。春秋时大国各有其献典，亦各有其嘉言故闻，传于当朝，遗之后代，后世《说林》《说苑》一体之祖，吕氏、刘子所取资以成类书者，在古谓之"语"，而"故志""训典"或容纳其中，所以教国子也（见《楚语·上》）。其"国语"一名，始见于汲冢书中（《晋书·束晳传》，"《国语》三篇言楚晋事"）。不专一国，故谓"国语"，犹言列国语也。汲冢书名《国语》者，虽不在今《国语》中（如在其中，《晋书·束晳传》及杜预《集解后序》当明言之），要为一类之书。夫列国各有其语，则必有人辑之，或并整齐之焉，始为《国语》。（传本《国语》中之《齐语》固为《小匡篇》文，其吴、越《语》亦与他国文体词法不类）。

　　至战国之世，《春秋》之学大显，春秋之号益尊，于是诸家著书每被春秋之名，晏子、虞卿、吕不韦皆是也。当有震于春秋之学，以《国语》改为编年者，合以当时列国纪年之书，墨子所谓百国春秋，乃成《春秋左氏传》，或曰《左氏春秋》。此书虽成，国别之《国语》犹存。后世所谓《国语》，其一本也；汲冢《国语》，又其一本也。此编年之书虽比附《春秋》，犹各有详略，并无书法，至刘歆欲夺《公羊》之席，乃将此书加之书法，且于《春秋》所详，此所略者，敷衍成文，此即《春秋左传》也。[吾尝试以刘申受《左氏春秋考证》一书之规例遍检全传，觉襄公以前，传应经者，除大事外，皆空语，无事实；襄公以后则不然，未可一概论。如以改编年为刘歆事，则刘歆时何处得见列国（尤其是鲁国）纪年之书将其采入？故知据《国语》改为编年必在秦火之前，其加书法并使前数公之经文亦多有传可伍，则刘歆事也。]

如上文所说不误，则《左传》《国语》者实为东周第一宝书，其成书虽在战国，其取材则渊源甚早，所举宪典话言或有沿自西周者矣。今于《诗》《书》之后取材于《左传》《国语》者，顺时代之序也。

《左传》《国语》中"生"字除私名外皆作出"生"解，或其引申之义，今不举列。但论两书中之"性"字。"性"字见于《左传》者九处：

《左传·襄公十四年》："天生民而立之君，使司牧之，勿使失性。有君而为之贰，使师保之，勿使过度。……天之爱民甚矣，岂其使一人肆于民上，以从其淫而弃天地之性？必不然矣。"

按："勿使失性"者，勿使失其生也，牧民所以保民之生，与性无涉，此本显然，不待索解。下文所谓"天地之性"亦必作生字然后可通，犹云：岂其使一人肆其暴行于民之上，以纵其淫欲而弃天之生斯民之德也？《易·系》云"天地之大德曰生"，正与此词相类。若以为"性""命"字则与上文不合矣。

《左传·襄公二十六年》："夫小人之性，衅于勇，啬于祸，以足其性而求名焉者，非国家之利也。"

此语中下"性"字必作"生"字始可解，"足其性"者，犹谓利其生也。上"性"字固可作"性"字解，然以为"生"字尤顺，犹云小人之生也，动于勇，贪于祸，以图厚其生而求名焉。

《左传·昭公八年》："今宫室崇侈，民力凋尽，怨讟并作，莫保其性。"

此谓莫保其生也。

《左传·昭公十九年》："吾闻抚民者节用于内而树德于外，民乐其性而无寇仇。"

此谓民乐其生也。

《左传·昭公二十五年》："则天之明，因地之性。……淫则昏乱，民失其性。……哀乐不失，乃能协于天地之性。"

独此节中之"性"字解作后世所谓性者为义较长，然解作"生"字亦可通。"因地之性"，犹云因地之所以生，即载物厚生者也。"民失其性"，犹云民失其所禀以生。"天地之性"，即所谓"天地之大德曰生"也。

《周语》上："先王之于民也，懋正其德，而厚其性；阜其财求，而利其器用。"

"厚其性"者，厚其生也，《左传》文公七年："正德，利用，厚生，谓之三事。"成公十六年："民生厚而德正，用利而事节。"襄公二十八年："夫民生厚而用利，于是乎正德以幅之。"文公十六年："时以作事，事以厚生。"皆其证也。（此一证丁声树君所举。）

如上文所分解，《左传》《国语》中之"性"字，多数原是"生"字，即以为全数原为"生"字，亦无不可也。从此可知"性"之一观念在《左传》《国语》时代始渐渐出来，犹未完全成立，至于"性"之一字，彼时决无之，后世传写始以意加心字偏旁，而所加多不惬当。

《左传》《国语》中"令"字频见,其用处与《诗经》无二。如下:

第一类为"霝"字之假借,所谓"令德""令名""令闻""令图""令终""令龟""令王""令主"皆是也。

第二类为"令"字之原始义,如"令无人僖负羁之宫"。《左传》《国语》中凡此动用之"令"字多作"命"字;其偶作"令"者,恐是后人改写未尽者耳。

第三类为王令或君令之类名,即"政令""教令"之类也。如"未能行令"(宣公十年)、"政令于是乎成"(成公十六年)、"择楚国之令典"(宣公十二年)、"以大国政令之无常"(襄公二十二年)、"著之制令"(昭公元年)、"夕以修令"(昭公元年)、"先王之令有之"(《周语》上)、"无以赋令"(《周语》上),或为单词,或为合词,皆是也。

第四类为第三类之一例,即"令尹"一词是也。既为专名自可别为一事。"令尹"亦见于金文,作"命尹"(伊毁,"王乎命尹甄册命伊")。

《左传》《国语》中之"命"字,其用法与《诗经》同。两书中出见繁多,不须遍举,今但论其可注意者五点:

一、两书中"令""命"两字混用,无甚界限,一如西周晚期金文及《诗经》。例如:

樊仲山甫谏曰:"不可立也!不顺必犯,犯王命必诛,故出令不可不顺也。令之不行,政之不立,行而不顺,民将弃上。……若鲁从之而诸侯效之,王命将有所壅。若不从而诛之,是自诛王命也。"

（《周语》上）

此语中令、命实为一事，乃忽曰令，忽曰命。两书中“令”“命”两字之混用，不可胜数也。

二、以命（或令）为政典教制之称，在两书中极多。此时命（或令）为文书之具体名，用之已甚普遍矣。（后世大体以令为政典，以命为教敕，分别不严，在古则无此分别也。）

三、以“命”为复词之一节，在两书中已甚多，是彼时“命”字之用及其变化繁矣。以“命”为上节者，如“命夫”“命妇”“命服”“命书”（按：册典也）、“命祀”。以“命”为下节者如“好命”“嘉命”“时命”“治命”“后命”“前命”“共命”“敬命”“禀命”“专命”“用命”“即命”（见文公六年：谓就死也，犹云就身于天命之所定也）、“死命”“成命”“废命”“逃命”（谓避身于命令之外也。宣公十二年“民闻公命如逃寇雠”即其义。后世所谓亡命自此出）、“承命”“违命”“弃命”“奸命”“贰命”“失命”“听命”“闻命”“请命”“待命”“受命”“辱命”“将命”“致命”“复命”（诸子多作“反命”）、“改命”“使命”“发命”“奔命”（谓奔赴王命无宁止也）、“一命”“再命”“三命”“追命”“坠命”（此词亦见金文，假“述”为“坠”）、“陨命”“知命”（见文公十三年，谓知天命之正也）、“不堪命”，皆当时文告册书中之习语也。

四、动词之命，施用更广泛。在《诗经》中犹以上谓下为限，《左传》中乃有例外，如“叔向命晋侯拜二君”（哀公二十六年），叔向臣也而以命君，盖此“命”字犹言“谓”也。

五、“命”犹“名”也。例如下：

子同生，以大子生之礼举之。……公与文姜宗妇命之（按：谓议命名也）。公问名于申繻。对曰："名有五，有信，有义，有象，有假，有类。以名生为信，以德命为义，以类命为象，取于物为假，取于父为类。不以国，不以官，不以山川，不以隐疾，不以畜牲，不以器币。周人以讳事神，名终将讳之。故以国则废名，以官则废职，以山川则废主，以畜牲则废祀，以器币则废礼。晋以僖侯废司徒，宋以武公废司空，先君献武废二山。是以大物不可以命。"公曰："是其生也，与吾同物。"命之曰同。（桓公六年）

按："命之"者"名之"也。"以名生为信，以德命为义，以类命为象"者，后世传写错误，其原文应作"以生名为信"（洪亮吉《左传诂》云"论衡作生名，下德命作德名，类命作类名"），记其实也。晋侯成师，郑伯寤生是也。"以德名为义"，"命以义"也，取义于正则曰平，取义于灵均曰原者是也。"以类名为象"，若孔子首象尼丘是也。如作"以生命为信，以德命为义，以类命为象"，俾上下文一致，亦通，独如今流传本之颠倒错乱者为不可通耳。下文云"大物不可以命"者，大物不可以名也。"命之曰同"者，"名之曰同"也。

初，晋穆侯之夫人姜氏，以条之役生大子，命之曰仇，其弟以千亩之战生，命之曰成师。师服曰："异哉，君之名子也！夫名以制义。……嘉耦曰妃，怨耦曰仇，古之命也。今君命大子曰仇，弟曰成师，始兆乱矣，兄其替乎？"（桓公二年）

按："命之"，"名之"也。"古之命"，"古之名"也。"命太子曰仇弟曰成师"，名太子曰仇，名弟曰成师也。

楚人谓乳"穀",谓虎"於菟",故命之曰鬬穀於菟(宣公四年)。此谓"名之曰鬬穀於菟"也。

依此三例,命有名之一解,名亦可称命。然则卫君如待孔子为政,孔子"必先正名"者,指整齐令典而言。苟仅如学究荀卿之"正名",其指不过如今之审定名词,固可曰"名不正则言不顺",不可说"事不成""刑罚不中"也。是则所谓名家者,亦法家之一类也。

至于"天命"之说,"命正"之解,在《左传》已有深远之思想,既不涉文字,当于中卷论之。

第六章 《论语》中之"性""命"字

《论语》中明称"天命"者，共七见，如下：

子曰："五十而知天命……"（《为政》）

伯牛有疾，子问之，自牖执其手，曰："亡之，命矣夫！斯人也而有斯疾也，斯人也而有斯疾也！"（《雍也》）

子罕言利，与命，与仁。（《子罕》）

子夏曰："商闻之矣，'死生有命，富贵在天'。"（《颜渊》）

子曰："道之将行也与？命也！道之将废也与？命也！公伯寮其如命何？"（《宪问》）

孔子曰："君子有三畏：畏天命，畏大人，畏圣人之言。小人不知天命而不畏也，狎大人，侮圣人之言。"（《季氏》）

孔子曰："不知命，无以为君子也。"（《尧曰》）

亦有未明言"天命"而所论实指"天命"者，有下列三处：

子曰："天生德于予，桓魋其如予何？"（《述而》）

子畏于匡，曰："文王既没，文不在兹乎？天之将丧斯文也，后

死者不得与于斯文也！天之未丧斯文也，匡人其如予何？"（《子罕》）

子曰："凤鸟不至，河不出图，吾已矣夫！"（《子罕》）

据此，《论语》书中明载命定之义，墨氏攻之，正中其要害。其曰"孔子罕言"者，或疑孔子言仁、言命载于《论语》者既如是多矣，不得云罕，于是强为之解，谓"与命与仁"之"与"字为动词。孔子固与命，然此处文法实不能如是解。《国语》九："杀晋君，与逐出之，与以归之，与复之，孰利？"又《国语》十五："夫以回鬻国之中，与绝亲以买直，与非司寇而擅杀，其罪一也。"又十六："夏后卜杀之，与去之，与止之，莫吉。"皆与"子罕言利与命与仁"为同一文法，可知"与"字在此仍是联词，非主格之动词也。子罕言命，罕言仁，而《论语》所记者多，盖子所常言，每无须记，其罕言者乃记耳。孔子虽罕言，然其信天命则章章明矣。特孔子所信之天命仍偏于宗教之成分为多，非如孟子，此当于次卷中详之。

《论语》中"性"字仅两见：

子曰："性相近也，习相远也。"（《阳货》）

子贡曰："夫子之文章可得而闻也，夫子之言性与天道不可得而闻也。"（《公冶长》）

前一事可以解作生来本相近，因习而日异。"生""习"皆无定主动词，故下云"相"，如以"性"为表质之名词，则与"习"不对矣。后一事所谓"夫子之言性"者，其字究应作"性"或作"生"，不能于此语之内求之，《论语》中他事亦鲜可供解决此事者，必参考稍后之书始可决之。设如《孟子》书中"生""性"二义界然划分，则前于此之《论语》中"生""性"二字可以界然划分，亦不必定界然划分，设如《孟子》书中"生""性"二义并未界然划分，则前于此之《论语》中，"生""性"二字更不能界然划分矣。故此点应留待下数章中论之。

第七章　论《告子》言"性"实言"生"
兼论《孟子》一书之"性"
字在原本当作"生"字

《诗》《书》《左氏》《国语》《论语》中之"性""命"字，既统计之矣，战国诸子书中之"性""命"字，则不必尽数统计也。时至战国，"命"字之诸义皆显然分立，不烦疏别，其"天命"一义亦滋衍丰长矣，此当于次卷论思想变迁中详之。天命之说虽已发展，人性之论，其已自论述具体之"生"，演为辨析抽象之"性"乎？今《孟子》《荀子》《吕子》诸书中之论"性"者，果所论者是"性"不是"生"乎？纵使"性"之一义既成，其对于"生"字之本义果尽脱离乎？自此以下三章，为答此问题而作也。

一　论《告子》言"性"皆就"生"字之本义立说

告子曰："性犹杞柳也。义犹桮棬也。以人性为仁义，犹以杞柳为桮棬。"

孟子曰："子能顺杞柳之性而以为桮棬乎？将戕贼杞柳而后以为

桮棬也？如将戕贼杞柳而以为桮棬，则亦将戕贼人以为仁义与？率天下之人而祸仁义者，必子之言夫！"（《孟子·告子篇》，下同。）

按：《告子》所谓"性"，即所谓天生；所谓"义"，即所谓人为。以天生与人为为对，故曰"仁内也，义外也"。寻告子之意，以为杞柳之生也，支蔓丛出，不循方圆，使之成器，非加以人工不可，人之生亦支蔓丛出，不辨善恶，使之就世间约定之仁义，亦非加以人工不可。所谓"戕贼人性以为仁义"，正荀子之说也。

告子曰："性犹湍水也，决诸东方则东流，决诸西方则西流。人性之无分于善不善也，犹水之无分于东西也。"

孟子曰："水信无分于东西，无分于上下乎？人性之善也，犹水之就下也。人无有不善，水无有不下。"

"今夫水，搏而跃之，可使过颡；激而行之，可使在山。是岂水之性哉？其势则然也！人之可使为不善，其性亦犹是也。"

按：告子之说，与孔子"性（生）相近也习相远也"之说合，孟子则离孔子说远矣。

告子曰："生之谓性。"

孟子曰："生之谓性也，犹白之谓白与？"曰："然。"

"白羽之白也，犹白雪之白；白雪之白，犹白玉之白欤？"曰："然。"

"然则犬之性犹牛之性，牛之性犹人之性欤？"

寻上文之意，"生之谓性"之"性"字，原本必作"生"，否则孟子不得以"白之谓白"为喻也。

告子曰："食色，性也。仁，内也，非外也；义，外也，非内也。"

孟子曰："何以谓仁内义外也？"

曰："彼长而我长之，非有长于我也。犹彼白而我白之，从其白于外也，故谓之外也。"

曰："异于（二字衍文）白马之白也，无以异于白人之白也，不识长马之长也，无以异于长人之长欤？且谓长者义乎，长之者义乎？"

曰："吾弟则爱之，秦人之弟则不爱也，是以我为悦者也，故谓之内。长楚人之长，亦长吾之长，是以长为悦者也，故谓之外也。"

曰："耆秦人之炙无以异于耆吾炙，夫物则亦有然者也，然则耆炙亦有外欤？"

寻告子之意，食色生而具者也，恻隐之心自内发，故曰内；至于是是非非贤贤贱不肖，必学而后知之，必习而后与人同，故曰外也。

公都子曰："告子曰，性无善无不善也。"

寻告子之义，善恶之辨，由于习俗，成于陶染，若天生之质，则无预于此外来者也。

二 论《孟子》书之"性"字在原本当作"生"字

《孟子》一书，言"性"者多处，其中有可作"生"字解者，又有必释作"生"字然后可解者，如下：

或曰："性可以为善，可以为不善。是故文武兴则民好善，幽厉兴则民好暴。"

此或人之言，谓人之生来可以为善可以为恶也。

孟子曰："牛山之木尝美矣。以其郊于大国也，斧斤伐之，可以为美乎？是其日夜之所息，雨露之所润，非无萌蘖之生焉。牛羊又从而牧之，是以若彼濯濯也。人见其濯濯也，以为未尝有材焉，此岂山之性也哉？"

所谓山之性，乃山之生来之状，其原文当作"山之生"，如此乃与上文"萌蘖之生"一贯。

孟子曰："尧舜性之也，汤武身之也，五霸假之也。"（《孟子·尽心》，下同。）

此谓尧舜生来便善，不待人为；汤武力行，然后达于道也。若如今本作"性"字，则尧舜之圣为性之所生，汤武之身之独不由于性乎？如别古圣人以"性之""身之"之二类，即无异以性为不备，正与孟子说性相违矣。然则此处本作"生"字无疑也。

孟子曰："尧舜性者也，汤武反之也。"

此亦与上举一例同义，谓尧舜生而然，谓汤武反躬力行而几于道，非谓汤武所行不由于性也。

孟子曰："形色，天性也"。

此亦谓形色天生而有也。

孟子曰："口之于味也，目之于色也，耳之于声也，鼻之于臭也，四肢之于安佚也，性也，有命焉，君子不谓性也。仁之于父子也，义之于君臣也，礼之于宾主也，知之于贤者也，圣人之于天道也，命也，有性焉，君子不谓命也。"

此语之义，赵岐、朱子皆不尽得其解。今如以"性"字为"生"字，文义显然矣。孟子盖谓口之于味，目之于色，耳之于声，鼻之于臭，四肢之于安佚，皆生而然也；然而人之生也有所受于天之正命焉，即义理也，故君子不以此等五官为人生之全也。仁之于父子，义之于君臣，礼之于宾主，知之于贤者，圣人之于天道，皆天所命之义理也，然而人之能行此者其端亦与生而俱焉，故君子不以此等事徒归之于天所命也。此为"性命一贯"论之最早发挥者，此义待中卷第七章详说之。今说明者即此语中之"性"字本皆"生"字也。（《孟子》此一节中"命"字乃"命正"之义，非"命定"之义，赵解失之。详次卷。）

63

　　如上所论，《孟子》一书中虽有"性"之一义，在原文却只有"生"之一字，其作"性"字者，汉儒传写所改也。

第八章　论《荀子·性恶》《正名》诸篇中之"性"字在原本当作"生"字

　　《荀子·性恶篇》之"性"字，在原书写本未经隶变之前，必皆作"生"字，可以下列一事证明之。《性恶篇》首云："人之性恶，其善者伪也。"杨注曰："伪，为也，矫也，矫其本性也。"郝懿行曰："性，自然也；伪，作为也。伪与为古字通，扬氏不了而训为矫，全书皆然，是其蔽也。"（《荀子补注》）王先谦曰："郝说是。荀书伪皆读为，下文'器生于工人之伪'，尤其明证。"（《荀子集解》）斯年按：《性恶篇》全篇所论"其善者伪也"之伪，皆用"人为"之义，与矫义无涉。据郝、王二氏所考，全篇之"伪"字，在原本必尽作"为"字，其作"伪"者，后人传写时所改也。"伪"字既原作"为"字，"性"字亦原作"生"字欤？此亦可考而知也。篇中有云：

　　今人之性，固无礼义，故强学而求有之也。性（此处必作生字方可通）不知礼义，故思虑而求知之也。然则生而已，则人无礼义，不知礼义，人无礼义则乱，不知礼义则悖。然则生而己，则悖乱在己。用此观之，人之性恶明矣，其善者伪也。

卢文弨校本曰:"'生而已'元刻作'性而已',下同。"寻荀子此段之意,如皆作"性"字,固勉强可解;如皆作"生"字,文义尤顺。今或作"性"字,或作"生"字,乃不可解矣。今假定其皆作"性"字,绎其义如下:

人之天性之中,本无所谓礼义也。故待强学而求有此礼义。性中本不知有礼义也,故待思虑而求识此礼义。既如是,若仅凭性之所有为已足,则人无礼义,且不识礼义矣。人无礼义,且不识礼义,悖谬之甚者也。既如是,若仅凭性之所有为已足,则悖谬暴乱出于己身矣。由此观之,人之性之本为恶也明矣。其能为善者人为之力也。

如此绎之固可解,究嫌勉强,然如全作"生"字,其意则显矣:

人之生也,本未挟礼义以俱来,故待强学而求有此礼义。人之生也,本不识何谓礼义也。故待思虑而求识此礼义。既如是,若仅凭生来所有为已足,则人无礼义且不识礼义矣。人无礼义且不识礼义,悖谬之甚者也。既如是,若仅凭生来所有为已足,则悖谬暴乱出于己身矣。由此观之,人之生也恶,其义甚明,其能为善者,人为之力也。

独或作"性"字或作"生"字,如今本所具者,在文义为不可通。从此可知原本必皆是"生"字,后人传写,寻求文义,乃改其若干"生"字为"性"字,然句如"然则生而已"者,势难改作性字,故犹留此原来形迹。元本校者见此处独作"生",与上下文不一贯也，乃一律改作"性"。今日据此未泯之迹，可知原本全篇之皆作"生"不作"性"，其改写"性"字，经汉晋六代至于唐宋而未曾改尽也。

　　且就《性恶篇》所持之旨论之，其作"生"也固宜。全篇反复陈说者，皆不外乎申明人之生也本恶，其能为善者人为之力。世之所谓善者，非生而有之者也，学而后有之。所谓恶也，生而具来者也，要在以礼法、教化、规矩、刑罚，克服之耳。与其写作《性恶篇》，固不如写作《生恶篇》之足以显其义也。荀子之"生恶论"，正其"以人胜天"之主张之一面，其以劝学为教，人道为道，不愿"大天而思之"，而欲"制天命而用之"，皆与"生恶说"相表里也。（参看胡适之先生《中国哲学史大纲》卷上第十一篇第二章。）

　　难者曰，《荀子·性恶篇》中所有"性"字在未经汉人改写前，固应一律作"生"字，如君所说矣，然荀书《正名篇》有云："生之所以然者谓之性，性之和所生，精合感应，不事而自然谓之性。"明明以"生"字解"性"字，今曰一律作"生"字，是何说乎？曰此正荀书中一律作"生"字之证也。请遍观《正名篇》之用辞，此义可晓然矣。《正名篇》曰：

　　散名之在人者——生之所以然者谓之性：性之和所生，精合感应，不事而自然谓之性。性之好、恶、喜、怒、哀、乐，谓之情。情然而心为之择谓之虑。心虑而能为之动谓之伪：虑积焉，能习焉，而后成谓之伪。正利而为谓之事。正义而为谓之行。所以知之在人者谓之知，知有所合谓之智。"智"（据卢文弨校第二"智"字衍）所以能之在人者谓之能，能有所合谓之能。性伤谓之病，节遇谓之命。是散名之在人者也，是后王之成名也。

又曰：

故万物虽众，有时而欲遍举之，故谓之物。物也者，大共名也。推而共之，共则又（原作有，据王念孙改）共，至于无共，然后止。

循荀子之用语也，好用在语法上异其作用之同字于一句中，即如《非十二子篇》，"信信，信也"（上"信"字为动词，中"信"字为名词，下"信"字为谓词）。如不贯上下文以读之，几不可解。今《正名篇》曰"所以能之在人者谓之能，能有所合谓之能"。如此句法，则正名之界说性也，固应作"生之所以然者谓之生，生之和所生，精合感应，不事而自然谓之生"。如将下"生"字改为"性"字，语法不类矣。今固不能改下一能字为别一字，即亦不当改下一"生"字为"性"字也。至于"知之在人者谓之知，知有所合谓之智"，"智"字应为"知"字，不应作"智"字，卢文弨校本中已说之矣。又如"推而共之，共则又共，至于无共然后止"，亦是此等变化字义法。此种造语之法是否可为行文之法式，今不具论，然此种风格甚显意趣。《荀子》书有刻意造辞之迹，与前此子书之但记口语者不同，此其一证矣。

第九章　论《吕氏春秋》中
"性"字在原本当作"生"字

晚周子书中，年代确可考者为《吕氏春秋》，此书明言成于"维秦八年，岁在涒滩"，此书固当为晚周诸子书中之最晚者矣。其《本生篇》泛载"生"字与"性"字，前文正在论生，后文乃直继以论性之语，忽又直继以论生之语，今日分写"生""性"二字，若语无伦次然，然若知原本当皆作"生"字，"性"即"生"也，则上下文理通矣。今录而释之如下：

始生之者，天也。养成之者，人也。能养天之所生而勿撄之，谓之天子。天子之动也，以全天为故者也。此官之所自立也。立官者以全生也。今世之惑主，多官而反以害生，则失所为立之矣。譬之若修兵者以备寇也，今修兵而反以自攻，则亦失所为修之矣。

此所论者明明生也，而下文忽接以论性。

夫水之性清，土者抇之，故不得清。人之性寿，物者抇之，故不得寿。物也者所以养性也，非所以性养也。今世之人惑者，多以性养物，则不知轻重也。（按：此明明谓养生，下同。）……是故圣人之于声色滋味也，利于性则取之，害于性则舍之，此全性之道也。世之贵富者，其于声色滋味也多惑者。日夜求幸，而得之则遁焉；遁焉，性恶得不伤？

此虽著"性"字，所论实养生也。下文接此乃著"生"字。

万人操弓，共射其一招，招无不中。万物章章以害一生，生无不伤，以便一生，生无不长。故圣人之制万物也，以全其天也。天全则神和矣，目明矣，耳聪矣，鼻臭矣，口敏矣，三百六十节皆通利矣。若此人者，不言而信，不谋而当，不虑而得，精通乎天地，神覆乎宇宙，其于物无不受也，无不裹也，若天地然。上为天子而不骄，下为匹夫而不惛，此之谓全德之人。

其下文则上句著"性"字下句著"生"字，然所论者固为一事，承前文而说也。

贵富而不知道，适足以为患，不如贫贱。贫贱之致物也难，虽欲过之，奚由？出则以车，入则以辇，务以自佚，命之曰招蹶之机。肥肉厚酒务以自强，命之曰烂肠之食。靡曼皓齿，郑卫之音，务以自乐，命之曰伐性之斧。三患者贵富之所致也。故古之人有不肯贵富者矣，由重生故也，非夸以名也，为其实也。则此论之不可不察也。

此篇标题曰《本生》，文中所指，关养生者多，关养性者少。然则《吕子》此篇，原本必上下一贯用"生"字不用"性"字，其改作"性"字者后世写者所为也。

《重己》一篇亦如是。全篇皆论养生之道，篇末忽著"安性""养性""节性"诸词，按以上文，知即"安生""养生""节生"也。《贵生篇》正作养生，可证也（《庄子》亦作养生不作养性）。

《吕氏春秋》乃战国时最晚之书，吕书中无"生""性"二字之分，则战国时无此二字之分明矣。其分之者，汉儒所作为也。

第十章 "生"与"性"、"令"
与"命"之语言学的关系

以上诸章,说明"生""性""令""命"诸字在先秦遗文及先秦经籍中如何出现及其如何演变,兹总括前文,约其旨要,以论其形与音。

一 字形

"令"字乃复体象形字,像一人跽于屋宇或帐幕之下,《说文》以为从ᐱ卪者。就战国时字体附会之说,非所以论此字之原也。在殷商及周初文字中,"令"字及从令之字皆作此形。后来像人跽形之部渐就省易,所像之形遂不可识。约当西周中叶,即昭穆以后,书者复加"口"字于"令"字之旁。初则从口之部在行列之外,后乃与"令"字融为一体(参看本卷第二章)。在西周晚期金文中,一器中或专用"令"字,或专用"命"字,或"命""令"二字互用,可知此时"令""命"二字虽作两体,实是一字,不应有截然不同之两音,如今日令从来母、命从明母者也。历西周末至春秋,两字虽字体不同，其用法则实无分别可以窥见。此两字之读音究竟至何时始分化，不可详矣。兹为图以明其演变之迹。

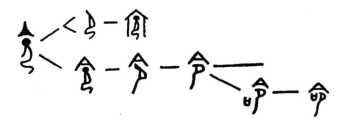

"生"字乃金文及先秦经籍中所普用之字，虽有时借"眚"为之（如"既眚魄"），然后代"百姓"之姓、"性命"之性，在先秦古文皆作"生"，不从女，不从心。即今存各先秦文籍中，所有之"性"字皆后人改写，在原本必皆作"生"字，此可确定者也。后世所谓性命之"性"字，在东周虽恍惚若有此义，却并无此独立之字也，吾作此语，非谓先秦无从心之"性"字之一体。战国容有此字，今不可考，然吾今敢断言者，战国纵有此字，必是"生"字之或体，与"生"字可以互用。准以文王之文字从心作忄，兼以战国文字好加偏旁，从心之"性"字成立于彼时固为可能，特此字对"生"字并非独立，仅是其异文而已。其分别"生""性"二字者，秦后事也。

或以为生死之"生"与性善之"性"在晚周既有文义的分别，则虽作一字不必以为一字也。不知此解似是而实误。字者，语词之代表也，词者，语义之发音。凡一名在字在词尚未分判为二体之时，纵有相联而异之语义，亦不易界画井然，无所淆混。今日受哲学之训练，守逻辑之纪律者，尚不易在用重要名词时谨守其界说，遑论晚周诸子？故"生""性"二字之未相互独立，即"生""性"二词之未相互独立；"生""性"二词未互相独立，即"生""性"二义之未能不淆也。试看孟荀所著，此情显然。荀子所谓性恶者，即谓生来本恶也。孟子所谓性善者，亦谓生来本善也。在其论"性"时，指天生之具体事件耶？抑指禀赋之抽象品德耶？按其文义，忽谓此，忽转谓彼，今诚不易严为界画。其实二子心中固未将此二事尽量分别清楚。二字之未到相互独立地步，即致此现象之一因也。

二　字音

字形（可简称字）者，一词或一系词之符号也。字形本身并非语言之枝节或体躯，其作用仅如人之有名字。名字固一人之符号，然一名字与其所代表之实体无关也。故今日可以罗马字母写汉语，亦可以汉字记英语。汉语之用汉字书写之者，其始出于一事之偶然，其后成于数千年之习惯，今日混汉字汉语为一事，诚未可也。然汉语历数千年用汉字为其符号，汉语之变化惟有借汉字之符号求之，故今日舍字形之学而论字音之变，亦必有所不通矣。称中国语言学为中国文字学者，误也，舍文字之语言学，亦必遇其所不可通者焉。

字音者，一词或一系词之本身也。故一词之认识在其音不在其形（戴、段、王、孔诸氏皆申明此说）。其演变即其音之迁动也。今审求"生""性""令""命"诸字之音如下。

生，《广韵》下平声十二庚，所庚切。又去声四十三敬，所敬切。是此一字有平去两读。性，去声四十五劲，息正切。所为审母三等字，息为心母字。心为舌头磨擦音，当等于国际音标中之"S"，审在照、穿、床、审、禅一列（或称部）中，此列乃稍后于舌头之音，而审又与心为同行（或称位。举例说之，重唇轻唇，部之别也，在表中可以横行之列容之。磨擦破裂，位之别也，在表中可以直行之行容之。行列易称亦可），故二母最易相变，高本汉氏以 S. 表之。

"生""性"二文本是原字、孳乳字之关系，今按之《广韵》，二字虽异纽，而二字之纽实相近而易互变者也。至于二字之韵亦可识其古同。盖劲为清之去声，而庚、耕、清、青、蒸、登六韵（以平括上去入），在等韵中本为一类也（参看陈澧《切韵考·外篇》卷二）。庚、耕、清、青以大齐言之，古为一类，此类即戴氏之第十三部婴，段氏之第十一部庚，王念孙氏之第六部耕，江有诰氏之第十三部庚也。

令，《广韵》去声四十五劲，力政切。命，去声四十三映，眉病切。映、劲固同韵类，同声调矣，而纽则令为来母，命为明母，全不同也。按之金文，一器之中，同样用法之下，"令""命"二字互写，知此二字在古初必无不同之读如今日所见者，此其故何耶？又据《诗经》《左传》借"令"字以写"霝"字，霝为平声，《诗经》之令字、苓字、零字大体与平声字为韵，知"令"字古必有平、去二读，如"生"字之有平、去二读，此亦待解者也。

欲审辩此事，有一先决之问题在，即汉字在古初是否一字仅有一音一声调是也。试览《说文音韵表》《说文声类》诸书，吾辈可将同所从声之字及所从声之原字认为音读大同或极近，而依不易识出之法式微变其音读，然不能冒然认为绝同也。又试思一字之音异其声调者，如颜之推、陆德明所论，《经典释文》及诸古字书所载，其故何耶？颜之推曰：

夫物体自有精粗，精粗谓之好恶；人心有所去取，去取谓之好恶（上呼号、下乌故反）。此音见于葛洪、徐邈，而河北学士读《尚书》云"好（呼号反）生恶（於谷反）杀"，是为一论物体，一就人情，殊不通矣。（《颜氏家训·音辞篇》）

陆德明曰：

夫质有精粗，谓之好恶（并如字）；心有爱憎，称为好恶（上呼报反、下乌路反）。当体即云名誉（音预），论情则曰毁誉（音余）。及夫自败（蒲迈反）败他（蒲败反）之殊，自坏（呼怪反）坏撤（音怪）之异。此等或近代始分，或古已为别，相仍积习，有自来矣。余承师说，皆辨析之。比人言者多为一例。……莫辨复（扶又反，重）复（音服，反也），宁论过（古禾反，经过）过（古卧反，超过）。……如此之俦，恐非为得。

如斯之例，寻之于古字书及释文，为数极多。此之分别究为后起而古无之耶？抑古本有之，后来渐失，仅存若干例于书中耶？颜、陆对此，并无断定。颜氏举葛洪、徐邈为言，信旧有此别矣，乃同篇中论"焉"字两读云："河北混同一音，虽依古读，不可行于今也。"又以"江南学士读《左传》，军自败曰败，打破人军曰败（补败反）……为穿凿"，似心中摇摇未定也。然《公羊传》成于西汉，有曰：

春秋伐者为客，伐者为主。

何休注曰：

伐人者为客，读伐长言之，齐人语也。见伐者为主，读伐短言之，齐人语也。

知此特质之存在早矣！何休以为齐人语者，非齐人造之，乃齐人承古未变耳。古者词句简，字中含此变化，后来表示语法作用之副词增多，如"见伐""所生""以告"之类，于是古汉语中此一特质逐渐消失，另以副词代此多项语法作用矣。

细审之，如此类者，不可以为一字有不类之两读，乃一词缘语法之作用，因其在句中之位置，而有两读。此两读者，乃一源而出之差异，或仅异其声调，或并微异其音质，或缘声调之异而微异其音质。颜说未彻，何例诚精，此固古汉语中之绝大问题，当俟语学家解决之也。

此类变化，所表者必为语法作用，可以无疑，其表示何种语法则未易理解。意者所表者乃多种之语法作用，不限一类，故其头绪不易寻也。如王之读去声（《孟子》"可以王"，《中庸》"王天下"之"王"），是一名用词、一动用词之差异也。伐之急言短言（此别必为声调的），是一主呼、一受呼之差异也。好恶之读去声，是一静用词（与名用本为一类）、一动用词之差异也。正字有征、政二读（金文中三字不分），告字有人、去二读，疑是一示动作、一示所动作之结果之差异也。如斯之例，求之于释文，当甚多矣。

今所论"生"与"性"、"令"与"命"之音的关系，当不出上列诸类之一。幸有《荀子》一节可以证明此事。

生之所以然者谓之生（传本作性，今改正，说见本卷第八章，以下同）。生之和所生，精合感应，不事而自然谓之生。……心虑而能为之动谓之为（传本作伪，据郝氏说改正）。……所以知之在人者谓之知，知有所合谓之知（传本作智，据卢改）。所以能之在人者谓之能，能有所合谓之能。

上"为"字平声（远支切），下"为"字读伪，去声（于伪切）。上"知"字平声，下"知"字读智，去声。上"能"字平声，下"能"字据杨注读耐，去声。（按《乐记》："故人不耐无乐，乐不耐无形，形而不为道，不耐无乱。"郑注曰："耐，古书能字也，后世变之，此独存焉。"）同样句法皆如此，"生"之一字当不异。"生"字本有平、去两读，则此处上"生"字当为平，下"生"字当为去，其读去之"生"字即后世所谓"性"字也。"性"与"生"字之异读，除声调外，"性"字多一齐齿介音，此介音如何来，或受声调改变之影响，或受前加仆音，如西藏语此种变化（李方桂先生疑其或如此），当俟语言学家解决之矣。

若言其语法上差异，则上文生、为、知、能四字作平读者，动词之正格，表动作者也。下文同样四字作去读者，缘动词而成之名词，表动作之所成（resultative）者也。今可举其大齐简言之曰，"生（去读），所生（平读）也"，如以后代分化字体写之，则"性，所生也"。

古书中语法类此者甚多，如：

孔子对曰：君君、臣臣、父父、子子。公曰：善哉！信如君不君，臣不臣，父不父，子不子，虽有粟，吾得而食诸？（《论语·颜渊》）

老吾老，以及人之老，幼吾幼，以及人之幼。（《孟子·梁惠王上》）

信信，信也；疑疑，亦信也。贤贤，仁也；贱不肖，亦仁也。（《荀子·非十二子》）

似此之例，如辑类之，可至于无穷。在后世摹拟此种文句者，固不辨其读音依语法而变化，在古初自是语言中之一自然现象，有音差可征。因汉字记音不细密，此等微细处未尝有别，乃为后人所不识耳。

依"生"与"性"之关系，以察"令"与"命"之关系，两者为一类。"令"字古有平、去二读，如上文所说，韵部又同，所差在纽及介音耳。"令"开口而"命"合口者，疑"命"字之介音或出于纽之影响，纽变为重唇，乃出合口之介音。此处纽之差别为来、明二母。来、明二母古本交错，如来之为麦，絲之为蛮，是其例也。故"令""命"两字之纽如此差异，本非不可想像者，然究缘何事有此差别，亦当虑及也。意者此一词两字之纽，古为复合仆音，或 ml 或 bl，受音调变化之影响，一失其 m 而为后世读"令"之音，一失其 l 而为后世读"命"之音；或本为 l，因语法变化加 m 为前支，久而前支 m 成为纽之本身，原有之纽 l，变后混于介音中。凡此涉想，吾将俟语言学家理之。今可质言者，即"令""命"实为一词，因语法变化，虽为一词而有两读，古者"令""命"两体固为一词，亦各有 lm 两组，非"令"从 l"命"从 m，后来乃分化为断然不同之二音，复以二体分别表之耳。今依释"生"字之例，释"令""命"两字之关系曰：令作平声读者，动词之正格，表动作者也；作去声读者（后为命字），缘动词而成之名词，表动作之所成者也。举其大齐简言之，"令（去声），所令（平读）也"，以后代分化字体写之，"命，所令也"。

尚有一事须提及者，即"令""命"二字之收声在古必为 n 不为 η，此可以"令""命"两字在《诗经》与"天""人"诸字为韵求之。此两字在古音中应居段氏第十二真部，王氏第七真部，江有诰氏第十二真部，不与阳、庚、蒸等部相涉也。

兹附假定之图以明此变。

	主动词动词主格平声	所成名词因主动词所示之动作，而成就者，亦即动词受格之变为名词用者。去声
"生""性"一词	saŋ（平）	saŋ（去）或 sian（去）
"令""命"一词	mlin（平）或 blin（平）	mɯin（去）

〔附志〕按：诸词之王音，其细密之分别与本节论旨无关，故仅用知其相近之音符书之，不必严格定之也。参看高本汉氏书。

三　字义

因形识字，因音识词，因一词之音之微变识词性之作用，因词性之作用可以辨字义矣。一词之众义，在枝蔓群生之后，似觉其离甚远，有时或并不觉其有关系，然由词性作用以求之，其关联多可通或皆可通也。"令""命"之本义为发号施令之动词，而所发之号、所出之令（或命）亦为令（或命）。凡在上位者皆可发号施令，故王令、天令在金文中语法无别也。殷世及周初人心中之天令（或作天命）固"谆谆然命之"也，凡人之哲、吉凶、历年，皆天命之也（见《召诰》）。犹人富贵荣辱皆王命之也。王命不常，天命亦不常；王命不易，天命亦不易（解见次卷）。故天命、王命在语法上初无别，在宗教意义上则有差。天命一词既省作命，后来又加以前定及超于善恶之意，而亡其本为口语，此即后来孔子所言之命，墨子所非之命。从此天命一词含义复杂，晚周德运之说，汉世识谶书之本，皆与命之一义相涉矣。

"生"之本义为表示出生之动词，而所生之本，所赋之质亦谓之生（后来以"生"字书前者，以"性"字书后者）。物各有所生，故人有生，犬有生，牛有生，其生则一，其所以为生者则异。古初以为万物之生皆由于天，凡人与物生来之所赋，皆天生之也。故后人所谓"性"之一词，在昔仅表示一种具体动作所产之结果，孟、荀、吕子之言性，皆不脱生之本义。必确认此点，然后可论晚周之性说矣。

春秋时有天道、人道之词，汉儒有天人之学，宋儒有性命之论。命自天降，而受之者人，性自天降，而赋之者人，故先秦之性命说即当时之天人论。至于汉儒天人之学，宋儒性命之论，其哲思有异同，其名号不一致，然其问题之对象，即所谓天人之关系者，则并非二事也。

中卷 ｜ 释义

第一章　周初人之"帝""天"

在论周人"上帝""皇天"之观念以前,宜先识太古之"帝""天"为何如之物。

上古中国人之"上帝""皇天"观念何自来乎?如何起源?如何演进?此一问题极大,非本书所能悉论。其专属于历史或古代民族学者,当于他处论之(此类文稿多写成于六七年以前,以后分期在本所集刊登载),其与周人天道观有涉各事,则于此章说之。此类问题待说者有三:一、抽象之"帝""天"何自演出?二、殷人之"帝"是人王抑是天神?三、周初之"帝""天"是否袭自商人?此三问题中,以第三题为本章之基础,为解答此题,第一第二两题亦不可无说。

抽象之"上帝""皇天"决不是原始时代之天神观念。早年之图腾标识,自然物与自然力,以及祖先,乃是初民崇拜之对象,从此演进,经若干步程,方有群神之主宰,方有抽象之皇天,方有普照之上帝。由宗神进为上帝,由不相干之群神进为皇天之系统,必经过甚多政治的、社会的、思想的变化,方可到达。此种发展之步程,可于印度、美索布达米、埃及、希腊、以色列各地古宗教史征之。就中国论,古来一切称帝之神王皆是宗神(tribal gods),每一部落有其特殊之宗神，因部落之混合，成为宗神之混合，后来复以大一统思想之发达，成为普遍的混合。《尧典》所载尧廷中诸人，舜、四岳、禹、弃、契、皋陶、垂、益、伯夷、夔、龙，以及殳斨、伯与、朱虎、熊罴，《左传》文十八年所载苍舒、隤敳、梼戭、大临、龙降、庭坚、仲容、叔达、伯奋、仲堪、叔献、季仲、伯虎、仲熊、虎豹、季狸，以及帝鸿、少皞、颛顼、缙云，其来源皆是宗神，即部落之崇拜。后来或置之于一堂，或列之于多系，其混合方式要不出于战伐的、文化的、思想的。两民族或两部落攻战之后，一败一胜，征服人者之宗神固易为被征服者所采用，有时被征服者之宗神，亦可为征服人者所采用。文化高者之宗神固可为文化低者因文化接触而采用，有时亦可相反。本非一系一族之部落，各有其宗神，后来奉大一统思想者，亦可强为安置，使成亲属。此等实例累百累千，世界各地之古史皆有之，不以中国为限矣。今举三例以明其变化之大。古者中国南方有拜火教，诸部落奉此教者之宗神，以象物言之曰祝融（后称炎帝），以象功言之曰神农（"农""融"古当为一词）。此一崇拜，其祠祀中心，原在江汉衡湘，后来秦岭山脉中姜姓部落（即上古之羌），奉此祠祀，于是有炎帝神农氏之混合号，于是神农为姜姓之祖矣（说别详）。又如鲧、禹平水土之创世论本为居处西土诸夏部落所奉信，后来以诸夏文化之声威远被，百越奉此祠祀，匈奴受此传说，于是勾践、冒顿皆祖夏禹，而胡、越一家矣。又如耶和华一神本是以色列诸部之一宗神，浸假而为以色列全族之宗神，复以犹太教耶稣教之抽象思想进展，耶和华一神，在后来全失其地域性，在今日为世上一切奉耶稣教各派者之普遍天父矣。

殷周人之帝天，其观念之演变及信奉之流传，自亦不免走此一路。余在《新获卜辞写本后记跋》中论此事较详（载《安阳发掘报告》第二期，民国十九年出版），兹移录其数段于下：

（周人）在这样的接受殷化中最重要的一件事，是竟自把殷人的祖宗也认成自己的祖宗了。周人认娘舅的祖宗本有明例。如："厥初生民，实为姜嫄。"这是认了太王的妻的祖宗。至于认商的始祖，尤其是中国人宗教信仰之进化上一个大关键。这话说来好像奇怪，但看其中的情形，当知此说大体是不误的。

初民的帝天，总是带个部落性的。旧约的耶和华。本是一个犹太部落的宗神。从这宗神演进成圣约翰福音中的上帝，真正费了好多的事，决不是一蹴而成的。商代的帝必是个宗族性的，这可以历来传说商禘帝喾为直证，并可以商之宗祀系统中以帝俊（即帝喾）为高祖为旁证。周朝的上帝，依然和人一样，有爱眷，有暴怒（见《诗·皇矣》），然而已经不是活灵活现的嫡亲祖宗，不过是"践迹"而生。且将在此一事上商周的不同观念作一比较：

商"有娀方将，帝立子生商"。这是说，商为帝之子，即契为喾之子。

周"履帝武敏歆。攸介攸止。载震载夙，载生载育，时维后稷。诞弥厥月，先生如达。不坼不副，无菑无害，以赫厥灵。上帝不宁，不康禋祀，居然生子"。这是说：稷为姜嫄之子，而与上帝之关系是较含糊的。

这样看来，虽说殷周的上帝都与宗姓有关系，然而周的上帝确是从东方搬到西土的，也有诗为证：

皇矣上帝，临下有赫。监观四方，求民之莫。维此二国，其政不获。维彼四国，爰究爰度。上帝耆之，憎其式廓。乃眷西顾，此维与宅。

把这话翻译成后代的话，大致便是：

大哉上帝，明白的向下看着。监看四方的国家，求知道人民的疾苦。把这两国看，看得政治是不对的。把那四方之国再都一看，看来看去，考量了又考量，上帝觉得他们那样子真讨厌。于是转东西看，看中了意，便住在这里了。

这个上帝虽在周住下所谓"此维与宅"，然而是从东方来的（二国，《毛传》以为夏殷，当不误）。这话已经明说周人之帝是借自东土的了。进一步问，这个上帝有姓有名不呢？曰，有，便是帝喾。何以证之？曰，第一层，"履帝武敏歆"，《毛传》曰："帝，高辛氏之帝也。"因为我们不能尽信《毛传》，这话还不算一个确证。第二层，《鲁语》上："商人禘喾而祖契，郊冥而宗汤。周人禘喾而郊稷，祖文王而宗武王。……上甲微，能帅契者也，商人报焉，高圉，大王，能帅稷者也，周人报焉。"这句话着实奇怪，照这话岂不是殷周同祖吗？然殷周同祖之说，全不可信，因其除禘（帝）喾以外全无同处。且周人斥殷，动曰"戎商""戎殷"，其不同族更可知。然《鲁语》这一段话，又一定是可靠的，因为所说既与一切记载合，而商之禘喾，上甲之受报祭，皆可由殷虚卜辞证明。一个全套而单纯的东西，其中一部分既确切不移，则其他部分也应可信。那么，这个矛盾的现象，如何解释呢？惟一的可能，足以不与此两个都可信的事实矛盾者，即是：商人的上帝是帝喾，周人向商人借了帝喾为他们的上帝，所以虽种族不同，至于所禘者，则是一神。帝者，即所禘者之号而已。第三层，《世本》《史记》各书皆以为殷周同祖帝喾。这个佐证若无《左传》《国语》中的明确的记载，我们或者不相信的。但一有《国语》中那个已有若干部分直接证明了的记载，而我们又可以为这记载作一个不矛盾的解释，则《世本》《史记》的旁证，也可引来张目了。

　　禘、帝是一个字，殷虚文字彝器刻词皆这样。帝郊祖宗报五者，人称、礼号，皆同字，所在地或亦然。帝之礼曰禘（帝），禘（帝）时所享之神为帝。祀土之礼曰土（社），祀土之所在曰土（社），所祀之人亦曰土，即相土。殷之宗教，据今人研究卜辞所得者统计之，除去若干自然现象崇拜以外，大体是一个祖先教，而在这祖先教的全神堂（Pantheon）中，总该有一个加于一切之上的。这一个加于一切之上的，总不免有些超于宗族的意义。所以由宗神的帝喾，变为全民的上帝，在殷商时代当已有相当的发展，而这上帝失去宗神性最好的机会，是在民族变迁中。乙民族用了甲民族的上帝，必不承认这上帝只是甲民族的上帝。《周诰》《周诗》是专好讲上帝三心二意的，先爱上了夏，后来爱上了殷，现在又爱上了周了。这样的上帝自然要抽象，要超于部落民族，然而毕竟《周诗》的作者，不是《约翰福音》的作者，也不是圣奥古斯丁，还只是说上帝是"谆谆然命之"的。

古经籍中之帝喾即甲骨卜辞中之夋（或曰"高祖夋"），而甲骨文中之夋，即《山海经》之帝俊，王国维已确证之（《观堂集林》九），在今日已成定论矣。试一统计甲骨卜辞中"帝"之出现数，尤觉殷人之单称"帝"者，必为其所奉为祖宗者之一，以其对此单称帝者并无祭祀也。据孙氏海波《甲骨文编》，共收"帝"字六十四，除重出者一条外，凡得六十三，其中单称"帝"者二十六：

　　今二月帝不令雨。（藏一二三，一）

　　庚子卜，□贞：帝令□（雨）。（藏二一七，四）

　　贞：帝令雨，弗其足年。（前一，五十，一）

帝令雨足年。（同上）

壬子卜，㱿□（贞）：自今至□（于）丙□，帝□（令）雨王□（受）□（又）。（前六，二十，二）

庚戌□（卜）㱿贞：□（不）雨，帝不我。……（藏三五，三）

□□□（卜）□贞：今三日，帝令多雨。（前三，十八，五）

□丑卜，贞：不雨，帝佳堇（馑）我。（甲一，二五，十三）

……曰帝……堇我。（一五九，三）

庚戌卜，贞：帝其降堇。（前三，二四，四）

□□卜，贞……帝……降□（堇）。（前四，十七，六）

我其巳（祀）宾，乍（则）帝降若。（前七，三八，一）

我勿巳宾，乍（则）帝降不若。（同上）

丙子卜，㱿贞：帝弗若。（藏六一，四）

帝弗若。（后下十四，四）

贞王乍（作）邑，帝若。（藏二二〇，三）

贞王乍（作）邑，帝若。（后下十六，十七）

贞勿伐🔲，帝不我其受又（祐）。（前六，五八，四）

……伐🔲方，帝受（授）我又。（甲一，十一，十三）

帝弗🔲于王。（藏一九一，四）

贞帝弗其冀王。（后下二四，十二）

贞帝于令。（前三，二四，六）

庚戌卜，贞：🔲🔲🔲佳帝令🔲。（前五，二五，一）

贞帝弗□丝□。（前七，十五，二）

戊寅卜，宾贞：帝……（同上）

甲午卜，㱿贞：帝……（菁十，八）

其用为动词即后来之"禘"字者十七：

贞帝于王亥。（后上十九，一）

戊戌□（卜）帝黄二犬。（前六，二一，三）

帝黄三犬。（同上）

戊戌卜，帝于□。（甲一，十一，六）

甲辰卜，宾贞：帝于……（后上二六，五）

辛酉卜，亘贞：方帝，卯一牛，南。（前七，一，一）

方帝。（甲一，十一，一）

勿方帝。（同上）

丁巳卜，贞：帝（夋）。（前四，十七，五）

贞帝三羊三豕三犬。（同上）

癸酉贞：帝五丰，其三牢。（后上二六，十五）

丙戌卜，贞：重犬豕帝。（前七，一，二）

……帝既……于……豕二羊。（藏一七八，四）

帝佳癸其雨不（否）……（前三，二一，三）

……丝丁不佳帝曰……（藏二，一戳三二，五）

贞帝。（甲一，十一，十八）

往佳帝。（甲一，二九，十一）

其用为先王之名号者六：

□□卜，贞：大……王其又……文武帝（既文武丁，既文丁）……王受冬。（前一，二二，二）

乙丑卜，□（贞）：其又久□□（文）武帝……三牢正□（王）
□（受）冬。（前四，十七，四）

……文武帝……（甲二，二五，三）

……王……久……帝……冬。（前四，二七，三）

己卯卜，𡧊贞：帝甲（即祖甲）𢦏……其眔且丁……（后上四，
十六）

□酉卜，𡧊□（贞）：帝甲丁……其牢。（戬五，十三）

其词残缺或其义不详者十四：

佳帝……昌西：（藏八七，四）

……帝……（藏八九，三）

壬□卜，宾贞：帝……（藏一〇九，三）

贞帝……（藏二五七，三）

丁亥□（卜），𣪞贞：□佳帝……（藏二六七，一）

佳帝臣令。（余七，二）

壬午卜，寮土从十帝乎……（拾一，一）

……帝……苳（前一，三一，一）

□子卜，贞：𢽁□帝……（前五，三八，七）

……冪于𠆤□帝……（前六，三十，三）

贞……立……帝……（后下九，六）

……帝𣲆……（后下三十，二）

□子卜……帝……（甲二，二五，五）

□□卜，贞……王其：帝……（后下三二，十五）

又有孙书收入合文之一片，关系重要，并列于此。

……兄……上帝……出……（后上，二十八）

依此统计（各条由同事胡福林君为我检出，谨志感谢。又，《甲骨文编》未收最近出版者及王氏襄书，故此统计不可谓备，然诸家著录之甲骨文多杂具各时代，皆非所谓“选择标样”，故在统计学的意义上，此一“非选择的标样”之代表性甚大。后来如广为搜罗，数量诚增加，若范畴之分配，则必无大异于此矣），知商人禘祭之对象有彼所认为高祖者，如王亥；有图腾，如𤔔（此以字形知其为图腾）。其称先王为帝者，有祖甲，有文丁，皆殷商晚世之名王，虽无帝乙，帝乙之名必与此为同类也（当由纣时卜辞不在洹上之故）。先王不皆受禘祭，受禘祭者不皆为先王，先王不皆号帝，号帝者不皆为先王，知禘礼独尊，帝号特异，专所以祠威显、报功烈者矣。其第一类不著名号之帝，出现最多，知此“不冠字将军”，乃是帝之一观念之主要对象。既祈雨求年于此帝，此帝更能降馑，降若，授祐，此帝之必为上天主宰甚明。其他以帝为号者，无论其为神怪或先王，要皆为次等之帝，所谓“在帝左右”“配天”“郊祀”者也。意者最初仅有此不冠字之帝，后来得配天而受禘祭者，乃冠帝字。冠帝字者既有，然后加“上”字于不冠字之主宰帝上，而有“上帝”一名。此名虽仅一见于甲骨卜辞，载此之片，仅余一小块，“上帝”之上下文皆阙，然此上帝必即上文第一类不冠字之帝，亦必即周人之上帝，见于《周诰》《雅》《颂》大丰敦宗周钟者，按之情理，不容有别解也。此上帝之必为帝喾，即帝俊者。有一事足以助成此想：如此重要之上帝，卜辞中并无专祀合祀之记载，是此帝虽有至上之神权，却似不受人间之享祀者然，固绝无此理也。然则今日所以不见祀此不冠字帝之记载者，必此不冠字之帝即在商人祭祀系统中，祀时著其本名，不关祀事者乃但称帝（或依时期而变易）。此"上帝"既应于殷商祭祀系统中求其名称，自非帝俊无以当之，此帝俊固为商人称作"高祖"，亦固即经典中之帝喾也（商人祀典，自上甲以下，始有次序可考。此外称高祖者二，一为夒，一为亥。明知其非祖先者二，一曰河〔旧释姒乙〕，一曰岳〔即四岳之岳〕。此外每作动物形，此类似皆为自图腾演化而出之宗神，然其相互之关系则不易考也）。

周人袭用殷商之文化，则并其宗教亦袭用之，并其宗神系统中之最上一位曰"上帝"者亦袭用之。上帝经此一番转移，更失其宗神性，而为普遍之上帝。于是周人以为"无党无偏"，以为"其命无常"矣。今日读《诗》《书》，心知其意者，或觉其酷似《旧约》矣。

一位治汉学之美国人语余曰，天之观念疑自周起，天子之称，疑自周人入主中夏始。按：周之文化袭自殷商，其宗教亦然，不当于此最高点反是固有者。且天之一字在甲骨文虽仅用于"天邑商"一词中，其字之存在则无可疑。既有如许众多之神，又有其上帝，支配一切自然力及祸福，自当有"天"之一观念，以为一切上神先王之综合名。且卜辞之用，仅以若干场所为限，并非记当时一切话言之物。《卜辞》非议论之书如《周诰》者，理无需此达名，今日不当执所不见以为不曾有也。《召诰》曰，"皇天上帝，改厥元子，兹大国殷之命"，此虽周人之语，然当是彼时一般人共喻之情况，足征人王以上天为父之思想，至迟在殷商已流行矣。夫生称"天君"，死以"配天"之故乃称帝，是晚殷之骄泰也；生称天子，死不称帝，是兴周之竞竞也（天子之称，虽周初亦少见。今日可征者，仅周公敦中有天子一词，而作册大方鼎称王曰"皇天尹〔君〕"，其余称王

但曰王。自西周中叶以后，天子之称始普遍，知称天以况王辟，必
周初人承受之于殷商者也。然则天子之一思想，必不始于周人，其
称谓如此，则虽周初亦未普遍也）。

第二章　周初之"天命无常"论

一　《周诰》《大雅》之坠命受命论及其民监说人道主义之黎明

《周诰》之可信诸篇中，发挥殷丧天命、周受天命之说最详，盖周王受命说即是周公、召公、成王施政教民告后嗣之中央思想，其他议论皆用此思想为之主宰也。此思想之表见大致可分为反正两面，在反面则畅述殷王何以能保天之命，其末王何以失之，在正面则申说文王何以集大命于厥身。以此说说殷遗，将以使其忘其兴复之思想，而为周王之荩臣也；以此说说周人，将以使其深知受命保命之不易，勿荒逸以从殷之覆辙也；以此说训后世，将以使其知先人创业之艰难，后王守成之不易，应善其人事，不可徒依天恃天以为生也。虽出词之轻重有异，其主旨则一也。《周诰》诸篇及《大雅》若干篇皆反复申明此义者，今引数节以明之，读者可就《周诰》反复诵思，以识其详焉（西周金文中亦言"受命""坠命"，引见上篇第一章，虽所说与《周诰》《大雅》所说者为一事，而鲜有发挥，故今所举但以《周诰》《大雅》为限）。

其论殷之坠命曰：

我闻惟曰，在昔殷先哲王，迪畏天，显小民，经德秉哲，自成汤咸至于帝乙。成王畏（从孙诒让读。疑畏下脱天字。）相惟御事厥棐（《周诰》中，棐字皆应作非或匪，孙说）。有恭（共）。不敢自暇自逸。矧曰其敢崇饮？……我闻亦惟曰，在今后嗣王酗身，厥命罔显，子民祇保（两句并从孙诒让读），越怨不易。诞惟厥纵淫泆于非彝，用燕丧威仪，民罔不尽伤心，惟荒腆于酒。不惟自息，乃逸，厥心疾很不克畏死，辜在商邑，越殷国灭无罹。弗惟德馨香祀登闻于天，诞惟民怨庶群自酒腥闻在上。故天降丧于殷，罔爱于殷，惟逸。天非虐，惟民自速辜。

王曰，封，予不惟若兹多诰，古人有言曰，人无于水监，当于民监。今惟殷坠厥命，我其可不大监抚于时。（以上《酒诰》）

周公曰：呜呼！我闻曰：昔在殷王中宗，严恭寅畏天命，自度，治民祇惧，不敢荒宁。肆中宗之亨国七十有五年。其在高宗，时旧劳于外，爰暨小人。作其即位，乃或亮阴，三年不言。其惟不言，言乃雍。不敢荒宁，嘉靖殷邦，至于小大，无时或怨。肆高宗之享国五十有九年。其在祖甲，不义惟王，旧为小人。作其即位，爰知小人之依，能保惠于庶民，不敢侮鳏寡。肆祖甲之享国卅有三年。自时厥后，立王生则逸。生则逸，不知稼穑之艰难，不闻小人之劳，惟耽乐之从。自时厥后，亦罔或克寿，或十年，或七八年，或五六年，或四三年。(《无逸》。此处汉石经在宋世犹存一块，洪氏据之，谓："独阙祖甲，计其字当在中宗之上。"段懋堂《尚书撰异》云："是《今文尚书》与《古文尚书》大异。……此条今文实胜古文。"此言诚是，然《隶释》所载仅一小块，无从据之恢复原文，兹仍用开成本。）

凡此皆谓殷之先王勤民毋逸，故足以负荷天命，及其末王，不述祖德，荒于政事，从于安乐，乃丧天命。

其论周之受命曰：

昔我丕显考文王，克明德慎罚，不敢侮鳏寡，庸庸，祗祗：畏威（今本作威威，据汉儒遗说改，即《诗》之"畏天之威"也。）显民，用肇造我区夏（周人每自称夏，除此处自称区夏以外，《立政篇》亦言"伻我有夏，式商受命"，《诗》亦言"我求懿德，肆于时夏"，"无此疆尔界，陈常于时夏"。说详拙著《夷夏东西说》），越我一二邦以修我西土。惟时怙冒闻于上帝，帝休，天乃大命文王殪戎殷，诞受厥命。（《康诰》）

周公曰：呜呼！厥亦惟我周大王王季克自抑畏。文王卑服，即康功田功，徽柔懿共，怀保小人，惠于鳏寡。（以上三句中字，据汉石经残片改。）自朝至于日中昃，不遑暇食，用咸和万民。文王不敢盘于游田，以庶邦维正之共。文王受命惟中身，厥享国五十年。（《无逸》）

昔君文王、武王，宣重光，奠丽陈教，则肄肄不违，用克达（挞也《诗·商颂》"挞彼殷武"）殷集大命。（《顾命》）

惟此文王，小心翼翼，昭事上帝，聿怀多福。厥德不回，以受方国。（方，西方。国，四国。《大雅·大明》）

凡此皆谓文王之所以受天大命者，畏天，恤民，勤政，节俭，以致之也。

其告嗣王以敬保天命之义（周公告成王）曰：

旦曰：……节性（生），惟日其迈，王敬作所不可不敬德。我不可不监于有夏，亦不可不监于有殷。我不敢知曰，有夏服天命惟有历年，我不敢知曰，不其延。惟不敬厥德，乃早坠厥命。我不敢知曰，有殷受天命惟有历年，我不敢知曰，不其延。惟不敬厥德，乃早坠厥命。今王嗣受厥命，我亦惟兹二国命嗣若功。王乃初服。呜呼！若生子，罔不在厥初生，自贻哲命。今天其命哲，命吉凶，命历年。今我初服，宅新邑，肆惟王其疾敬德。王其德之用祈天永命。

此谓应以明德为永命之基，后王不可徒恃先王之受天命而不小心翼翼以将守之也。

其告亡国臣民以服事有周之理由曰：

王若曰：尔殷遗多士！弗吊旻天（吊，淑，古一字）。大降丧于殷。我有周佑命，将天明威致王罚，敕殷命终于帝。肆尔多士！非我小国敢弋（孙以弋为翼，本之《释文》，并以为训教。按：如训敬，文义难通。疑即代字。代字古当为入声，以从代之忒为入声也。高本汉说）殷命，惟天不畀允罔固（从孙读），乱弼我，我其敢求位？惟帝不畀，惟我下民秉为，惟天明畏。我闻曰，上帝引逸。有夏不适逸则，惟帝降格响于时。夏弗克庸帝，大淫泆有辞。惟时天罔念闻，厥惟废元帝，降至罚。乃命尔先祖成汤革夏，俊民，甸四方。自成汤至于帝乙，罔不明德恤祀。亦惟天丕建，保义有殷。殷王亦罔敢失帝，罔不配天其泽。在今后嗣王，诞罔显于天，矧曰其有听念于先王勤家？诞淫厥泆，罔顾于天，显民祗。惟时上帝不保，降若兹大丧。惟天不畀不明厥德，凡四方小大邦丧，罔非有辞于罚。
（上文乱字，率之讹也。）

王若曰，尔殷多士！今惟我周王丕灵承帝事，有命曰，割殷，
告敕于帝。惟我事不贰适，惟尔王家我适。予其曰，惟尔洪无度，
我不尔动自乃邑。予亦念天，即于殷大戾肆不正。王曰，猷告尔多
士！予惟时其迁居西尔。非我一人奉德不康宁，时惟天命。（以上
《多士》。《多方》辞大同，旨无异。）

穆穆文王，于缉熙敬止。假哉天命，有商孙子。商之孙子，其
丽不亿，上帝既命，侯于周服。

侯服于周，天命靡常。殷士肤敏，裸将于京。厥作裸将，常服
黼冔。王之荩臣，无念尔祖。

无念尔祖，聿修厥德。永言配命，自求多福。殷之未丧师，克
配上帝。宜鉴于殷，峻命不易。（《大雅·文王》。胡适之先生谓"王
之荩臣，无念尔祖"云云，皆对殷遗士言，勉此辈服事新朝，无怀
祖宗荣光之想，但求应天之新命，自求多福耳。其说甚当。）

此以革命之解告示殷遗，谓昔者殷先王能尽人事，故能膺天命，
今既以淫佚遭天之罚，天既改其大命，命周以王业矣，尔辈不当犹
恋恋前王之烈也。凡此革命之解，以人事为天命之基础，以夏殷丧
邦为有应得之咎者，果仅周公对殷逸之词，用以慑服之，用以信喻
之耶？抑此本是周公之一贯思想耶？按之前所引《无逸》诸篇及《诗
经·大雅》《周颂》之"峻命不易"论，当知周公对自己，对亡国，
虽词有重轻，乃义无二说。设若殷多士中有人起而问曰："准公所言，
若周之后王不能畏天显民，亦将臣服他姓乎？"周公如舍其征服者
尊严之不可犯，必将应之曰"然"。如此则类似清汗雍正与曾静之辩

论矣。此等辩论究不可常见，此辈殷多士中似鲜忠烈之人，方救死之不暇，不特不敢作此问，恐亦无心作此想。然而周公以此语告其同姓同僚矣。《君奭篇》云：

　　周公若曰，君奭！弗吊天降丧于殷，殷既坠厥命，我有周既受。我不敢知曰，厥基永孚于休？若天棐（非之借字也，孙诒让说，见《骈枝》及《述林》）忱〔诚也，"天非忱（或作谌）"，"天难谌斯"皆谓天不可信其必然也〕，我亦不敢知曰，其终出于不祥？呜呼！君已曰时我，我亦不敢宁（安也）于上帝命，弗永远念天威越（与也，孙说）我民。罔尤违，惟人。在我后嗣子孙，大弗克共上下，遏佚前人光，在家，不知天命不易，天难谌（难谌即棐忱也），乃其坠命，弗克经历嗣前人共明德（作一句读，孙说。余疑此十字应在"在家"下），在今予小子旦，非克有正，迪惟前人光施于我冲子。又曰天不可信（又曰有曰也，有人曰天不可信。孙说），我迪（原作道，迪之误字也。据王引之说改）惟宁（文之误字）王德延，天不庸释于文王受命。

此论现身说法，明切之至。此辞之作，盖当周公将归政于成王，勉召公以勤辅弼之，故下文历陈前代及周初之贤辅，而结以"祗若兹往，敬用治"也。伪书序以为"召公不悦，周公作《君奭》"，真闭眼胡说矣。

　　寻周公此论之旨，可以归纳于"天命靡常"一句中，所谓"峻命不易"，"其命匪谌"，亦皆此语之变化也。"天命靡常"者，谓天命不常与一姓一王也。"峻命不易"者，言固保天命之难也。〔按：《郑笺》云"天之大命不可改易"，《大诰》有"尔亦不知天命不易"

句,《莽诰》作"岂亦不知命之不易乎",师古曰:"言不知天命不可改易。"今寻释《诗》《书》中此类词句之上下文,知此解非是。《周颂·敬之章》曰:"敬之敬之,天维显思,命不易哉!无曰高高在上,陟降厥士(疑本作土),日监在兹。"岂可以不易为不可改易乎?朱传,"不易,言其难也",此用论语"为君难为臣不易"之训以解此。朱传超越毛郑者多矣,此其一事也。(按:朱从《释文》。)〕"天命匪谌"者(《大诰》"天棐忱辞",《大明》"天难谌斯",皆与此同义。孙说),言天命时依人事而变易,不可常赖,故曰"靡不有初,鲜克有终"也。周公将归政时,天下事既大定矣,周公犹不能信周之果能常保天眷也,而致其疑辞曰,殷既坠命,周既受命,果周基之可永耶?周其亦将出于不祥如殷商夏后之末世耶?复自答此问曰:我不敢安于上天之命,嗣王其永念天威,以民为监,毋尤人,毋违命,凡事皆在乎人为耳。设若我之后嗣子孙不能协恭上下,反遏失前王之光烈,而不知保固天命之不易,不知天命之难恃,则必丧其天命矣。凡此所云,可用求己勿尤人,民监即天监两语归纳之。如是之"人定胜天"说,必在世间智慧甚发达之后,足征周虽小邦,却并非野蛮部落也。

一切固保天命之方案,皆明言在人事之中。凡求固守天命者,在敬,在明明德,在保义民,在慎刑,在勤治,在无忘前人艰难,在有贤辅,在远恔人,在秉遗训,在察有司,毋康逸,毋酗于酒。事事托命于天,而无一事舍人事而言天,"祈天永命",而以为"惟德之用"。如是之天道即人道论,其周公之创作耶?抑当时人本有此论耶?由前一解,可以《周诰》为思想转变一大枢纽;由后一解,周公所言特是人道黎明中之一段记载,前此及同时相等之论不幸失其传耳。今有两证,足明后解之近实。

古人有言曰:"人无于水监,当于民监。"《酒诰》有曰"天不可信",我迪惟宁(文)王德延。(《君奭》。孙曰:"谓有是言曰,犹云有言曰。")

据此,知民监而上天难恃之说,既闻于当时,更传自先世,其渊源长矣,周公特在实际政治上发挥之耳。至于此古人为何时之人,谓"天不可信"者为何人,今固不可考,要以所谓商代老成人者为近是。商代发迹渤海,奄有东土,(说详拙著《东北史纲》卷一,及《夷夏东西说》载《历史语言研究所集刊》外编第一),臣服诸夏,载祀六百。其本身之来源固为北鄙杀伐之族,其内服外服中,则不少四方多识多闻之士。《多士》所谓"夏迪简在王庭,有服在百僚"者,其一类也。此辈饱经世变,熟识兴亡,非封建制度下之奴隶,而为守册守典之人,故有自用其思想之机会。不负实际政治之责任,故不必对任何朝代族姓有其恶欲。统治阶级不能改换思想,被统治阶级不能负任何思想之责任,赖他人启之,方成力量。凡思想之演变,其发端皆起于中流,世界史供给我辈以无数实例矣。殷墟记载所表示之思想系统乃当时王家之正统思想,虽凭借之地位至高,却不必为当时最进展之思想,且必较一部分王臣之思想为守旧。世已变矣,而统治者不能变其心也。变其心者,新兴之族,新兴之众,皆易为之,而旧日之宗主为难。按之历史,此理至显也。

虽然,周之兴也,亦有其特征焉。惟此特征决不在物质文明,亦未必在宗法制度耳。何以言之?中央研究院发掘殷墟之工作已历八年,于累经毁损之墓中获见不少殷商遗物,其冶金之术,琢玉之工,犹使今人为之惊佩。其品物形色之富,器用制作之精,兵器种

103

类之众，亦未发掘前所不能预料者也。以此与世上已知之周初遗物，及中央研究院所发掘者比，知周之代商，绝不代表物质文化之进展。凡周初所有者，商人无不有之，且或因易代之际，战事孔炽，文化沉沦不少，凡商人所有者，周初人未必尽有之，或有之而未若商人之精也。从此之后，一切疑殷商文化不及周初之见解，应一扫而空。故曰，殷周之际，文化变转之特征，决不能在物质文明也。至于宗法制度，后人皆以为商人兄终弟及，周人长子承统矣。夷考其实，商末康祖丁、武乙、文武丁、帝乙、帝辛五世，皆传子，无所谓兄终弟及也。周初太王舍太伯而立王季，武王之兄伯邑考不得为大宗，周公且称王，则亦兄终弟及，仅立冲子为储有后来授政之诺言耳（如鲁隐公所说）。且武王之卒，已登大髦，其长子成王乃仅在冲龄，亦似非近情之说。晋公盦云：

晋公云，我皇祖唐公，□受大令，左右武王，□□百蛮，广嗣四方，至于大廷，莫不事□。（王）命唐公，□宅京师。

唐公相传为成王之小弱弟，成王在武王殂落时尚在冲龄，则其小弱弟唐公必不能左右武王，征伐百蛮矣。唐公既能左右武王，则武王殂落时，唐公年岁至少在二十以上矣。然周公称王时成王实在冲龄，有《周诰》可证。是则唐公非成王之弟，乃成王之兄也（《召诰》："有王虽小，元子哉。"此即同篇"皇天上帝改厥元子兹大邦殷之命"之元子，谓天之元子，非谓武王之元子也。观上下文自明）。唐公之上尚有封于邘者（见《左传》），足征成王之立，容为立嫡，决非立长，或周公不免有所作用于其间，于是管蔡哗然，联武庚以变耳。从此可知周人传长子之法，是后人心中之一理想标准，周初并未如此实行，而周公之称王，大有商人遗风焉。故曰，殷周之际大变化，未必在宗法制度也。既不在物质文明，又不在宗法制度，其转变之特征究何在？曰，在人道主义之黎明。

年来殷墟发掘团在清理历代翻毁之殷商墓葬群中所得最深刻之印象，为其杀人殉葬或祭祀之多。如此大规模之人殉，诚非始料所及，盖人殉本是历史上之常事，不足怪，所可怪者，其人殉人祭之规模如此广大耳。人殉之习，在西洋用之极长，不特埃及、美索不达米、小亚细亚等地行之，即至中世纪末，北欧洲犹存此俗。在中国则秦后不闻，而明初偶行之，明太祖诸妃皆殉，此习至英宗始革者，以承元之后，受胡化也（见《朝鲜实录》等）。清初未入关时亦行此制。人祭则久亡矣。殷商时期人殉人祭犹如此盛行，而后此三四百年《左传》所记，凡偶一用此，必大受责难。秦染于西戎之俗，始用此制，中国遂以夷狄遇之（据《史记》，秦武公卒，初以人从死，献公元年，止从死）。宋哀公偶以人祭，公子目夷乃曰，"得死为幸"。下至孔子，时代非遥，然《孟子》述孔子之言曰："'始作俑者，其无后乎？'为其象人而用之也！"是春秋晚期已似完全忘却五六百年前有此广溥之习俗，虽博闻如孔子者，犹不得于此处征殷礼也。数百年中，如此善忘，其变化大矣，其变化之意义尤大。吾疑此一变化之关键在于周之代商，其说如下。

按之殷人以人殉、以人祭之习，其用政用刑必极严峻，虽疆土广漠（北至渤海区域，西至渭水流域，南至淮水流域，说详《夷夏东西说》），政治组织弘大（"越在外服，侯田男卫邦伯，越在内服，百僚庶尹"），其维系之道，乃几全在武力，大约能伐叛而未必能柔服，能立威而未必能亲民。故及其盛世，天下莫之违，一朝瓦解，立成不可收拾之势。返观周初，创业艰难，"笃公刘，匪居匪康……

乃裹糇粮……爰方启行……于胥斯原,(胥地名,胡适之先生说)……
于豳斯馆,涉渭为乱"。"古公亶父,陶复陶穴,未有家室。……率
西水浒,至于岐下。爰及姜女,聿来胥宇"。至于文王,"小心翼翼,
昭事上帝","克明德慎罚,不敢侮鳏寡,庸庸祗祗,畏威显民"。综
合数代言之,自"大王王季,克自抑畏,文王卑服,即康功田功,
徽柔懿共,怀保小人,惠于矜寡"。如此微薄起家,诚合于所谓"旧
为小人,作其即位,爰知小人之依,能保惠于庶民"者。盖周之创
业,不由巨大之凭借,其先世当是诸夏之一小部,为猃狁压迫,流
亡岐周,作西南夷中姜姓部落之赘婿,"险阻艰难,备尝之矣。民之
情伪,尽知之矣"。一而固能整齐师旅,一而亦能收揽人心,于是
"柔弱胜刚强",斗力亦斗智,西自阻共,南被江汉,所有西南山中
之部落"庸、蜀、羌、髳、微、庐、彭、濮人"皆为所用。东向戡
黎,而殷王室恐矣。矢于牧野,无贰厥心,虽"殷商之旅,其会如
林",亦无济于事矣。此其所谓"善政(政古与征为一字,含戡定之
义)不如善教之得民"耶?此其所谓"纣有亿兆人,离心离德,予
有率(乱)臣十人,同心同德"者耶?凡此恤民而用之;慎刑以服
之,其作用固为乎自己。此中是否有良心的发展,抑仅是政治的手
腕,今亦不可考知。然既走此一方向,将数世积成之习惯,作为宝
训,谆谆命之于子孙,则已启人道主义之路,已至良心之黎明,已
将百僚庶民之地位增高。于是商人仲虺"侮亡"之诰,易之以周人
史佚"勿犯众怒"之册。为善与为恶一般,无论最初居心何在,一
开其端。虽假亦可成真,此亦所谓"久假而不归,恶知其非有也"?

此路既开,经数百年,承学之大儒孔丘、孟轲,竟似不知古有
人殉人祭之事!

二　敬畏上帝之证据

或曰，如君所言，是周初之帝天观仅成一空壳，虽事事称天而道之，然既以为万事皆在人为而天命不可恃，其称天亦仅口头禅耳，其心中之天不过口中之一符号，实际等于零矣。其然，岂其然乎？

吾将申吾说曰，决无此事也。以为既信人力即不必信天力者，逻辑上本无此必要，且人类并非逻辑的动物，古代人类尤非逻辑的动物。周初人能认识人定胜天定之道理，是其思想敏锐处，是由于世间知识饱满之故，若以为因此必遽然丧其畏天敬天之心，必遽然以为帝天并无作用，则非特无此必然性，且无此可然性，盖古代人自信每等于信天，信天每即是自信，一面知识发达，一面存心虔敬，信人是其心知，信天是其血气，心知充者，血气亦每旺也。如苏格拉底，柏拉图，其智慧何如？其虔敬又何如？如牛顿，如戴嘉，其智慧何如？其虔敬又何如？后代哲人尚如此，遑论上古之皇王侯辟？遍观中国史，凡新兴之质粗部落几无不信天称天者，此适足以坚其自信，而为成功之一因也。所有关于匈奴、蒙古、满洲信天之记载今犹班班可考，今举饶有意味者一事。徐霆《黑鞑事略》云：

其卜筮则灼羊之枚子骨，验其文理之逆顺，而辨其吉凶。天弃天予，一决于此，信之甚笃，谓之烧琵琶。事无纤粟不占，占不再四不已。（原注，霆随一行使命至草地，鞑主数次烧琵琶，以卜使命去留。想是琵琶中当归，故得遣归。烧琵琶，即燔龟也。）其常谈必曰："托着长生天的气力，皇帝的福荫。"彼所欲为之事，则曰"天教恁地"；人所已为之事，则曰"天识着"。无一事不归之天，自鞑主至其民无不然。

又云：

其行军……则先烧琵琶，决择一人统诸部。

此所说者，蒙古建国时之俗。玩其辞意，乃令人恍忽如在殷周之际。

《大雅》所载周王之虔敬帝天，事神，重卜，上帝皇天俨然"如在其上，如在其左右"者，今引数章以为证。其关于上帝"改厥元子大邦殷之命"，命周绍治下民者，如下：

皇矣上帝，临下有赫。监观四方，求民之莫（瘼）。维此二国，其政不获。维彼四国，爰究爰度。上帝耆之，憎其式廓。乃眷西顾，此维与宅。

……帝迁明德，串夷载路。天立厥配，受命既固。帝省其由，柞棫斯拔，松柏斯兑。帝作邦作对，自太王王季。

……帝谓文王，无然畔援，无然歆羡，诞先登于岸。

……帝谓文王，予怀明德。不大声以色，不长夏以革，不识不知，顺帝之则。

帝谓文王，询尔仇方，同尔兄弟，以尔钩援，与尔临冲，以伐崇墉。（《皇矣》）

此真所谓"谆谆然命之矣"。似文王日日与上帝接谈者然，事无巨细，一听天语，使读者如读《旧约》，或读《启示录》，或读《太平洪王诏书》一般。其言上帝赫赫下监者则云：

明明在下，赫赫在上。天难忱斯，不易维王。天位殷适，使不挟四方。("天难忱斯"，论天，"不易维王"，论人，正接上文之"在下"、"在上"。谓天不可恃其必为已，王业之创守并非易事，天位自殷他适，使其不复制四方也。)

……天监在下，有命既集。(《大明》)

其言文王翼翼、上承天命者则云：

维此文王，小心翼翼。昭事上帝，聿怀多福。厥德不回，以受方国。

殷商之旅，其会如林。矢于牧野，维予侯兴。上帝临女，无贰尔心！(《大明》)

此即金文所谓"严在上，翼在下"，言上令而下承也。其言先王在天在帝左右者则云：

文王在上，於昭于天。周虽旧邦，其命维新。有周不显，帝命不时。文王陟降，在帝左右。(《文王》)

下武维周，世有哲王。三后在天，王配于京。(《下武》)

其祈福之词则云：

昭兹来许，绳其祖武。于万斯年，受天之祜。(《下武》。《周诰》中多祈天降福辞，不遍举。)

其用卜之辞则云：

> 爰始爰谋，爰契我龟。(《绵》)
>
> 考卜维王，宅是镐京。维龟正之，武王成之。武王烝哉！(《文王有声》)

其言"天命匪谌"者，则有《大明》之首章（引见前），《荡》之首章。

> 荡荡上帝，下民之辟。疾威上帝，其命多辟。天生烝民，其命匪谌，靡不有初，鲜克有终。（按：此为周初诗，下文皆载文王斥商之词，绝无西周晚期痕迹。荡荡即《洪范》"王道荡荡"之荡荡，亦即《诗》"汶水汤汤"之汤汤，言其浩大也。上辟字训君，《诗》《书》之辟字多此训。下辟字训法，即"如何昊天，辟言不信"之辟。后世刑辟之辟，亦即此训所出。此章言：此广大之上帝，是下民之君也，此严威之上帝，其命多峻厉也。天之生斯民也，其命未尝固定。初曾眷顾者，后来皆弃之，夏殷是也。称上帝之严威，为下文斥商之张本；称天命匪谌，为下文殷鉴在于夏后之基论。"靡不有初，鲜克有终"二句，正以释"其命匪谌"者。如此解之，本章文义固顺，与下文尤顺，乃《毛传》《郑笺》固执诗之次序，以为此诗既在《民劳》《板》之后，必为西周晚年刺诗，于是改下辟字之音以为邪僻字。于是谓全篇之"文王曰咨"为设辞，以上帝为厉王，可谓"道在迩而求诸远，事在易而求诸难"矣。)

其言固守天眷之不易者，则有《周颂·敬之》：

> 敬之敬之，天维显思，命不易哉！无曰高高在上，陟降厥土，日监在兹。

所有天命匪谌，峻命不易，皆与《周诰》陈说之义全合。《雅》《颂》中此若干篇与周公之《周诰》，论其世则为同时（此举大齐言），论其事则皆言殷周易命，故相应如此。其详略不同者，《周诰》为论政之书，《大雅》为庙堂之乐章，既以论政为限，故人事之说多；既以享祀为用，故宗教之情殷。若必强为分别，则《大雅》此若干篇，其时代有稍后于周公诰书之可能，决无先之之可能，岂有帝天已成空壳，忽又活灵活现之理乎？推此意而广之，吾辈今日亦不能据殷商卜辞认为殷人思想全在其中，以为殷无人谋，只有卜谋也。殷人"有册有典"，此典册若今日可得见者，当多人谋之词，而不与卜辞尽同其题质，亦因文书之作用不同，故话言有类别也。然则今日若遽作结论曰，殷商全在神权时代中，有神谋而无人谋，自属不可通。以不见不知为不存不在，逻辑上之大病也。

　　周初人之敬畏帝天，其情至笃，已如上所证矣。其心中之上帝，无异人王，有喜悦，有暴怒，忽眷顾，忽遗弃，降福降祸，命之讫之，此种之"人生化上帝观"本是一切早期宗教所具有，其认定惟有修人事者方足以永天命，自足以证其智慧之开拓，却不足以证其信仰之坠落。就《大诰》所载论之，周公违反众议，必欲东征，其所持之理由凡二，其一为周后嗣王必完成文王所受之天命，其二为东征之谋曾得吉卜，故不可违。其言曰：

已予惟小子不敢僭（不信也，又废也）上帝命。天休于宁（文）王，兴我小邦周，宁（文）王惟卜用，克绥受兹命。今天其相民，矧亦惟卜用。……天命不僭，卜陈惟若兹！

是则周公之大举东征，固用人谋，亦称天道（《周语》引《大誓》云，"朕梦协朕卜，袭于休祥，戎商必克"，与此同义），所以坚人之信，壮士之气，周公诰书中仅《大诰》一篇表显浓厚之宗教性，盖此为成功以前表示决心之话言，其他乃既成功之后，谋所以安固周宗之思虑也。然"尔亦不知天命不易"正在《大诰》中，天鉴下民以定厥命之旨在《大雅》《周颂》《周诰》中弥往而不遇。参互考之，知敬畏上帝乃周初人之基本思想，而其对于上帝之认识，则以为上帝乃时时向下方观察着，凡勤民恤功者，必得上帝之宠眷，凡荒逸废事者，必遭上帝之捐弃。周代殷命，即此理之证据，宜鉴于殷，知所戒惧，必敬德勤民，然后可以祈祷皇天，求其永命不改也。必自身无暇，民心归附，然后可以永命灵终也。《大学》引《康诰》"惟命不于常"，而释其义曰"道善则得之，不善则失之矣"，可谓一语道破。夫自我言之，则曰"峻命不易"，就天言之，则曰"天命靡常"，盖亟畏上天，熟察人事，两个原素化合而成如是之天人论。此诚兴国之气象，亦东周诸家思想所导源，亦宋代以来新儒学中政论之立基点也。（明代之宝训有四事，敬天，法祖，勤政，爱民，此种政本的"成文宪法"，非明太祖所能为，乃是宋元以来儒家政治论之结晶，亦即《周诰》之总括语也。）

三　本章结语

总括上文所论，今日犹可推知周初统治阶级中之天道观为何如者。

此时此辈人之天道观，仍在宗教的范畴内，徒以人事知识之开展，故以极显著的理性论色彩笼罩之，以为天人相应，上下一理，求天必先求己，欲知天命所归，必先知人心所归。此即欧洲谚语所谓"欲上帝助尔，尔宜先自助"者也。此说有一必然之附旨，即天命无常是也。惟天命之无常，故人事之必修。此一天人论可称之曰"畏天威、重人事之天命无常论"。（下文引此论时，简称"命无常论"。）

此一命无常论是否为周宗统治阶级所独具，抑为当时一般上中社会所共信，今不可知。准以周之百僚多士，来源复杂，或为懿亲，或为姻娅，或为亡国之臣，其文化之背景不同，其社会之地位悬绝，自不易有同一思想。然金文所载祈福之词，每作"永令（命）灵终"者，人必信命之不易永，然后祈永命；人之不易灵终，然后乞灵终（即善终）。设永命灵终为当然之事，则无所用其祈祷矣。既用此为祈祷语，足征命无常论之流行广矣。

第三章　诸子天人论导源

古史者，劫灰中之烬余也。据此烬余，若干轮廓有时可以推知，然其不可知者亦多矣。以不知为不有，以或然为必然，既违逻辑之戒律，又蔽事实之概观，诚不可以为术也。今日固当据可知者尽力推至逻辑所容许之极度，然若以或然为必然，则自陷矣。即以殷商史料言之，假如洹上之迹深埋地下，文字器物不出土中，则十年前流行之说，如"殷文化甚低""尚在游牧时代""或不脱石器时代""《殷本纪》世系为虚造"等见解，在今日容犹在畅行中，持论者虽无以自明，反对者亦无术在正面指示其非是。差幸今日可略知"周因于殷礼"者如何，则"殷因于夏礼"者，不特不能断其必无，且更当以殷之可借考古学自"神话"中入于历史为例，设定其为必有矣。夏代之政治社会已演进至如何阶段，非本文所能试论，然夏后氏一代之必然存在，其文化必颇高，而为殷人所承之诸系文化最要一脉，则可就殷商文化之高度而推知之。殷商文化今日可据遗物遗文推知者，不特不得谓之原始，且不得谓之单纯，乃集合若干文化系以成者，故其前必有甚广甚久之背景可知也。即以文字论，中国古文字之最早发端容许不在中土，然能自初步符号进至甲骨文字中之六书具备系统，而适应于诸夏语言之用，决非二三百年所能达也。以铜器论，青铜器制造之最早发端固无理由加之中土，然制作程度与数量能如殷墟所表见者，必在中国境内有长期之演进，然后大量铜锡矿石来源之路线得以开发，资料得以积聚，技术及本地色彩得以演进，此又非短期所能至也。此两者最易为人觉其导源西方，犹且如是，然则殷墟文化之前身，必在中国东西地方发展若干世纪，始能有此大观，可以无疑。因其事事物物皆表见明确的中国色彩，绝不与西方者混淆，知其在神州土上演化长久矣。

殷墟文化系之发见与分析，足征殷商以前在中国必有不止一个之高级文化，经若干世纪之演进而为殷商文化吸收之。殷墟时代二百余年中，其文字与器物与墓葬之结构，均无显然变易之痕迹，大体上可谓为静止时代。前此固应有急遽变转之时代，亦应有静止之时代。以由殷商至春秋演进之速度比拟之，殷商时代以前（本书中言"殷商"者，指在殷之商而言，即商代之后半也。上下文均如此），黄河流域及其邻近地带中，不止一系之高级文化，必有若干世纪之历史，纵逾千年，亦非怪事也。（或以为夏代器物今日无一事可指实者。然夏代都邑，今日固未遇见，亦未为有系统之搜求。即如殷商之前身蒙亳，本所亦曾试求之于曹县、商丘间，所见皆茫茫冲积地，至今未得丝毫线索。然其必有，必为殷商直接承受者，则无可疑也。殷墟之发见，亦因其地势较高，未遭冲埋，既非大平原中之低地，亦非山原中之低谷，故易出现。本所调查之遗址虽有数百处，若以北方全体论之，则亦太山之一丘垤也。又，古文字之用处，未必各处各时各阶级一致。设若殷人不用其文字于甲骨铜器上，而但用于易于销毁之资料上，则今日徒闻"殷人有册有典"一语耳。）且就组成殷商文化之分子言之，或者殷商统治阶级之固有文化乃是各分子中最低者之一，其先进于礼乐者，转为商人征服，落在政治中下层

（说见《夷夏东西说》《新获卜辞写本后记跋》等）。商代统治者，以其武力鞭策宇内，而失其政治独立之先进人士，则负荷文化事业于百僚众庶之间。《多士》云"殷革夏命……夏迪简在王庭，有服在百僚"，斯此解之明证矣。周革殷命，殷多士集于大邑东国雒，此中"商之孙子"固不少，亦当有其他族类，本为商朝所臣服者，周朝若无此一套官僚臣工，即无以继承殷代王朝之体统，维持政治之结构。此辈人士介于奴隶与自由人之间，其幸运者可为统治阶级之助手，其不幸者则夷入皂隶之等，既不与周王室同其立场，自不必与之同其信仰。周初王公固以为周得天命有应得之道，殷丧天命亦有其应失之道，在此辈则吾恐多数不如此想，否则周公无须如彼晓晓也。此辈在周之鼎盛，安分慑服，骏臣新主而已。然既熟闻治乱之故实，备尝人生之滋味，一方不负政治之责任，一方不为贵族之厮养，潜伏则能思，忧患乃多虑，其文化程度固比统治者为先进，其鉴观兴亡祸福之思想，自比周室王公为多也。先于孔子之闻人为史佚，春秋时人之视史佚，犹战国时之视孔子。史佚之家世虽不可详，要当为此一辈人，决非周之懿亲。其时代当为成王时，不当为文王时，则以《洛诰》知之。《洛诰》之"作册逸"，必即史佚，作册固为众史中一要职，逸、佚则古通用。《左传》及他书称史佚语，今固不可尽信其为史佚书，然后人既以识兴亡祸福之道称之，以治事立身之雅辞归之，其声望俨如孔子，其书式俨如五千文之格言体，其哲学则皆是世事智慧，其命义则为后世自宋国出之墨家所宗，则此君自是西周"知识阶级"之代表，彼时如有可称为"知识阶级"者，必即为"士"中之一类无疑也。[按：史佚之书（其中大多当为托名史佚者）引于《左传》《国语》《墨子》者甚多，皆无以征其年代，可征年代者仅《洛诰》一事。《逸周书》克殷世俘两篇记史佚（亦作史逸）躬与杀纣之役，似为文武时之大臣。夫在文武时为大臣，在成王成年反为周公之作册（当时之作册职略如今之秘书），无是理也。《逸周书》此数篇虽每为后人所引，其言辞实荒诞之至，至早亦不过战国时人据传说以成之书，不得以此掩《洛诰》。至于大小《戴记》所言（《保傅篇》《曾子问篇》），乃汉人书，更不足凭矣。《论语·微子篇》，孔子称逸民，以夷逸与伯夷、叔齐、虞仲、朱张、柳下惠、少连并举。意者夷逸即史佚，柳下惠非不仕者，故史佚虽仕为周公之作册，仍是不在其位之人，犹得称逸士也。孔子谓"虞仲夷逸隐居放言，身中清，废中权"，果此夷逸即史佚，则史佚当是在作册后未尝复进，终乃退身隐居，后人传其话言甚多，其言旨又放达，不同习见也。"身中清"者，立身不失其为清，孟子之所以称伯夷也，"废中权"者，废，法也。"法中权"犹云论法则以权衡折中之，盖依时势之变为权衡也。凡此情景，皆与《左传》《国语》所引史佚之词合。果史逸即夷逸一说不误。则史佚当为出于东夷之人，或者周公东征，得之以佐文献之掌，后乃复废，而名满天下，遂为东周谈掌故、论治道者所祖述焉。]

　　当西周之盛，王庭中潜伏此一种人，上承虞夏商殷文化之统，下为后来文化转变思想发展之种子。然其在王业赫赫之日，此辈人固无任何开新风气之作用，平日不过为王朝守文备献，至多为王朝增助文华而已。迨王纲不振，此辈人之地位乃渐渐提高。暨宗周既灭，此辈乃散往列国，"辛有入晋，司马适秦，史角在鲁"（汪容父语），皆其例也。于是昔日之伏而不出，潜而不用者，乃得发扬之机会，而异说纷纭矣。天人论之歧出，其一大端也。

　　东周之天命说，大略有下列五种趋势，其源似多为西周所有，庄子所谓"古之道术有在于是者"也。若其词说之丰长，陈义之蔓衍，自为后人之事。今固不当以一义之既展与其立说之胎质作为一事，亦不便徒见后来之发展，遂以为古者并其本根亦无之。凡此五种趋势一曰命定论，二曰命正论，三曰俟命论，四曰命运论，五曰非命论，分疏如下。

命定论者，以天命为固定，不可改易者也。此等理解，在民间能成牢固不可破之信念，在学人目中实不易为之辩护。逮炎汉既兴，民智复昧，诸子襄息，迷信盛行，然后此说盛传于文籍中。春秋时最足以代表此说者，如《左传》宣三年王孙满对楚子语：

> 成王定鼎于郏鄏，卜世三十，卜年七百，天所命也。周德虽衰，天命未改。鼎之轻重，未可问也。

此说之根源自在人民信念中，后世所谓《商书·西伯戡黎篇》载王纣语曰："呜呼！我生不有，命在天。"此虽非真商书，此说则当是自昔流传者。《周诰》中力辟者，即此天命不改易之说。此说如不在当时盛行，而为商人思恋故国之助，则周公无所用其如是之喋喋也。

命正论者，谓天眷无常，依人之行事以降祸福，《周诰》中周公、召公所谆谆言之者，皆此义也。此说既为周朝立国之宝训，在后世自当得承信之人。《左传》《国语》多记此派思想之词，举例如下：

> 季梁……对曰："夫民，神之主也，是以圣王先成民而后致力于神。"（桓公六年）
>
> 宫之奇……对曰："臣闻之，鬼神非人实亲，惟德是依。故《周书》曰：'皇天无亲，惟德是辅。'又曰：'黍稷非馨，明德惟馨。'又曰：'民不易物，惟德繄物。'如是，则非德，民不和，神不享矣。神

所凭依，将在德矣。"（僖公五年）

是阴阳之事，非吉凶所生也。吉凶由人。（僖公十六年）

惟有嘉功以命姓受祀，迄于天下。及其失之也，必有慆淫之心间之，故亡其氏姓。……夫亡者岂殴无宠？皆黄炎之后也。惟不帅天地之度，不顺四时之序，不度民神之义，不仪生物之则，以殄灭无胤，至于今不祀。及其得之也，必有忠信之心间之，度于天地，而顺于时动，和于民神，而仪于物则。……其兴者必有夏吕之功焉，其废者必有共鲧之败焉。（《周语》下）

举此以例其他，谓此为周人正统思想可也。此说固为人本思想之开明，亦足为人生行事之劝勉，然其"兑现能力"究如何，在静思者心中必生问题。其所谓贤者必得福耶，则孝已伯夷何如？其所谓恶者必得祸耶，则瞽瞍、弟象何如？奉此正统思想者，固可将一切考终命、得禄位者说成贤善之人，古人历史思想不发达，可听其铺张颠倒，然谓贤者必能寿考福禄，则虽辩者亦难乎其为辞矣。《墨子》诸篇曾试为此说，甚费力，甚智辩，终未足以信人也。于是俟命之说缘此思想而起焉。

俟命论者，谓上天之意在大体上是福善而祸淫，然亦有不齐者焉，贤者不必寿，不仁者不必不禄也。夫论其大齐，天志可征；举其一事，吉凶未必。君子惟有敬德以祈天之永命（语见《召诰》），修身以俟天命之至也（语见《孟子》）。此为儒家思想之核心，亦为非宗教的道德思想所必趋。

命运论者，自命定论出，为命定论作繁复而整齐之系统者也。其所以异于命定者，则以命定论仍有"谆谆命之"之形色，命运论则以为命之转移在潜行默换中有其必然之公式。运，迁也。孟子所谓"一治一乱",所谓"五百年必有王者兴,其间必有名世者",即此思想之踪迹。《左传》所载论天命之思想多有在此议范围中者,如宋司马子鱼云:"天之弃商久矣。君将兴之,弗可赦也已。"(僖二十二)谓一姓之命既讫不可复兴也。又如秦缪公云:"吾闻唐叔之封也,箕子曰,其后必大,晋其庸可冀乎?"此谓命未终者,人不得而终之也。此一思想实根基于民间迷信,故其来源必古,逮邹衍创为五德终始之论,此思想乃成为复杂之组织,入汉弥盛,主宰中国后代思想者至大焉。

非命论者,《墨子》书为其明切之代表,其说亦自命正论出,乃变本加厉,并命之一词亦否认之。然墨子所非之命,指前定而不可变者言,《周诰》中之命以不常为义,故墨子说在大体上及实质上无所多异于周公也。

以上五种趋势,颇难以人为别,尤不易以学派为类,即如儒家,前四者之义兼有所取,而俟命之彩色最重。今标此五名者,用以示天人观念之演变可有此五者,且实有此五者错然杂然见于诸子,而皆导源于古昔也。兹为图以明五者之相关如下:

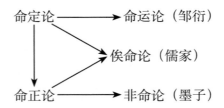

(相反以横矢表之,直承以直矢表之,从出而有变化以斜矢表之。)

第四章　自类别的人性观至普遍的人性观

以上三章论西周及其后来之天命观，本章所说，乃西周及东周开始时之人性观。

《墨子》曰："名，达、类、私。"三者之中，私名最为原始，次乃有类名、达名之生，待人智进步方有之矣。即如"人"之一普遍概念，在后代固为极寻常之理解，在初民则难有之。野蛮时代，但知有尔我，知有其自己之族姓与某某异族，普遍之人类一概念，未易有也。其实此现状何必以古为限，于今日犹可征之。在白人之殖民地中，日与土人接触者，每不觉土人与己同类也。忆英国诡趣文人且斯特有云："工人欲组织国际集合，殊不知英国工人只觉其自己为工人，只觉德国工人为德国人。"此虽言之过甚，然亦颇有此理也。岂特知识不广之工人如此，今日英国不犹有信其贵族为蓝血者乎？从此可知无上下之差等，无方土种性之类别，遍用"人"之一概念，以为圆颅方趾之达名者，必为人类知觉进步以后之事矣。

性之观念依人之观念以变化。古者以为上下异方之人不同，故其所以为人者不同，后世以为上下异方之人大同，故其所以为人者大同。以为人之所以为人者同，东周哲人之贡献也，前乎此者，虽当久有此动机，然如《墨子》《孟子》明析肯定立论则未见也。盖必舍却"非我族类，其心必异"之思想，然后可有适用于一切人之性说也。今先述古初之类别的人观，以明人道主义之产生与演进盖非一蹴而至者焉。

古者本无"人"之一个普遍概念，可以两事征之。第一，征之于名号。"人""黎""民"在初皆为部落之类名，非人类之达名也。

人者，以字形论，其原始当为像人形者如商代之"人乍父己卣"（攈二之一十叶）作 形，"人作父戊卣"作 二形（同十一叶），二器同时同类，而前者末笔似屈，后者则申，似后来以不屈者为人，以屈者为尸（夷）之分别，然在此两器则不当有异解也。又甲骨文字中有人方，为殷王施其征伐之对象，经典中不见人方，而夷为习见之词，意者此一人方固应释作夷方欤？最近发见可解决此事。本年春（民国二十六年），安阳发掘出见甲文甚多，在一未动之坑中多为整版，按之董作宾先生五期分类法，此一批董氏定为第一期，其中有一辞云："贞王惠侯告从正…… 。"又一辞云："……正 ……"（此虽皆作反形，然甲骨文中之人字亦皆正反互用。盖当时此等字何者为正，何者为反，尚未约定。故此二字必即后人认为尸［夷］字者无疑也。此二版乃胡福林君示我，于此志谢）。此二辞中之"尸"（夷）虽皆下文残阙，然当与习见之"人方"为一事，因时期不同，而书有异形耳。然则此足为人方当释作夷方之证矣。人方亦见金文。般甗"王图 方"（攈二之二，叶八六）。小臣艅尊"隹王来正 方"（攈十三，叶十）。前者近于夷，后者则为人字（此乃商器）。此亦足征人方、尸方可自由写也。据此各节，可知"人""尸"（夷）二字，在最早可见之文字中固无严界，皆象人形，一踞而一立，踞者后人以为尸（夷）字，立者后人以为人字，在其原始则无别也。其有别者，至西周中叶诸器始然，师酉毁其例也。人夷二词，字本作同形，音亦为邻近，其在太初为一事明矣。（参看吴大澂《夷字说》。又古籍中每有以夷字误为人或仁者，如《山海经》"非仁羿莫能上，"此亦"夷羿"之误，盖原作尸耳。《山海经》中他处习见"夷羿"一词，不见"仁羿"）。意者此一词先为东方族落之号，种姓蕃衍，蔚然大部，后来多数为人所征服（当即夏商），降为下民之列，又以文化独为先进，遂渐为圆颅方趾者之标准的普遍的名称耳（古籍中每以东夷为贵。《说文》《后汉书·东夷传》皆然）。

黎之一词，初亦为族类之名，后来乃以为"老百姓"之称。《书·秦誓》云，"以保我子孙黎民"，后人托古之尧典云，"黎民于变时雍"，此处所谓"黎民"，等于今人所谓"老百姓"。然黎为地名，春秋时犹有黎国。《卫风·式微》相传为黎庄公失国，其大夫所作（见《列女传》）。杜预以为黎在上党壶关县，是则与殷卫仅一太行山脉之隔耳。书序以为"殷咎周，周人乘黎，祖伊恐，奔告于王"。意者黎之初域尚及上当之西耶？据《郑语》，黎为祝融系之北支，其南支为重（即董姓），果黎之一词为一切奉祀祝融之北方部族之通称，则其分布广矣（参看《新获卜辞写本后记跋》）。此族后来历为人所征服，成为社会之最下阶级，故相沿呼下人为黎民耳。

"民"之一词亦疑其亦本为族类之名。民、蛮、闽、苗诸字皆双声，似是一名之分化。《国语》"百姓、千官、亿丑、兆民"。民最多，亦最下。

以上三词，由部落之类名成为人类之达名者，盖有同一之经历焉。其始为广漠之部族，曰人、曰黎、曰民，似皆为丁口众多之种类，及其丧师，夷为下贱，新兴者口少而居上。旧有者口多而居下，于是人也黎也民也皆成为社会阶级之名，即社会中之下层也。最后则黎民二字亦失其阶级性而为广泛的众庶之称，人乃更为溥被，成为圆颅方趾者之达名矣。自部落名变为阶级名，自阶级名变为达名，此足征时代之前进矣。

古者并无人之普遍概念，除征之于名号外，更可据典籍所载古昔论人诸说征之。盖古者以为圆颅方趾之辈，非同类同心者，乃异类异心者，下文所引《国语》《左传》足为证也。

> 昔少典娶于有蟜氏，生黄帝炎帝。黄帝以姬水成，炎帝以姜水成。成而异德。故黄帝为姬，炎帝为姜。二帝用师以相济也，异德之故也。异姓则异德，异德则异类，异类虽近，男女相及，以生民也。同姓则同德，同德则同心，同心则同志，同志虽远，男女不相及，畏黩敬也。（《晋语》四）
>
> 史佚之志有之，曰："非我族类，其心必异。"（成四，此语又见僖公十年）
>
> 神不歆非类，民不祀非族。（僖公十年）
>
> 卫迁于帝丘。……卫成公梦康叔曰："相夺予享。"公命祀相。宁武子曰："不可，鬼神非其族类，不歆其祀。"（僖公三十一年）
>
> 富辰谏曰："……耳不听五音之和为聋，目不别五色之章为昧，心不则德义之经为顽，口不道忠信之言为嚚。狄皆则之。"（僖公二十四年）

据此，知《左传》《国语》时代犹以此类别的人性论为流行见解也。《左传》中亦有与此相反之制，然春秋是一大矛盾时代，《左传》是一部大矛盾书，上所举之一说固当为当时通俗之论。盖用此说说人者，以为人因种族而异其类，异其类乃异其心，异其心乃异其行事，不特戎狄与华夏不同，即同为诸夏亦以异类而异心也。太古之图腾时代，以一大物之下为一类（物之始义即为图腾，说见《跋陈槃君》文，载《历史语言研究所集刊》第七本第二分），以为其为类不同者，其为人也亦不同。春秋时人道主义固已发达，此遗传观念仍自有力，亦彼时夷夏之辨，上下之等，有以维持之。若怪此等观念何以下至春秋尚存，则曷不观乎今日中欧之桀纣，其议论有过于此图腾制下之思想者乎？

讨论至此，有一事可注意者，即经典中"姓""性"二字，依上文所说，既知其本是一字，且识其本为一词也。经典中所谓姓者，表种族者也，词指为血统。所谓性者，表禀赋者也，词指为质材，不相混也。然而其音则一也（两字在《广韵》同切），其字形又一也（两字在金文皆作生），其原始必为一词明矣。本书上篇释生性二字之关系曰，性，所生也，今益之曰，姓，所由生也。后来"姓""性"二字，在古皆为生之一词之文法变化，生为主动词，姓则自主动词而出之成由格名词（ablative），性则自主动词而出之成就格名词（resultative）。后来以此三字表三义，古则以此一词兼三事。后来以为血胤与禀赋非一事，古则以为本是一物之两面而已。

以上所说，似足证明古者本无人之普遍观念，但有人之类别观念。至于如何由此阶段进为墨子、孟子之普遍的人论，必非一蹴而至，其步步形态今已不可知矣。至其助成此一进化者，大体犹有下列三事可说。第一，自周初以来，既以爱民保民为政治口号矣，而所谓民者包括一切杂姓，其种类虽异，其阶级为一，积以时日，则同阶级者大混合。第二，当时王公贵族既用严格之外婚制，则所有母系，皆所谓"异类"也，如是混合，久则不易见其何谓"异类则异心"也。第三，当时负荷文化遗传者，并非新兴之姬姜，此辈乃暴发户，文化之熏染不深，而应为夏殷之遗士，此辈在当时居中间阶级，担当文物之运行（说见上章）。故孔子曰，"先进于礼乐，野人也，后进于礼乐，君子也。"先进者，谓先进于文化，在当时沦为田夫矣，后进者，谓后进于文化，在当时隆为统治者矣（说见《周东封与殷遗民》，载《集刊》第四本）。此辈虽不蔑视王朝，然亦必恶居下流，以为众民乃先代明德之胤，虽"湮替隶圉"，要"皆黄炎之后也"（见《周语》下）。后来思想之发展，多眷自此等阶级中人出，宜乎其不为上天独眷之谈，而为斯民一类之论矣。中国人道主义之发达，大同思想之展布，在东周为独盛，其来虽未骤，其进实神速，必有其政治的社会的凭藉，然后墨子之人类一家论，孟子之人性一般解，得以立根，得以舒张。学人诚有其自由，而其自由之范围仍为环境所定耳。

第五章　总叙以下数章

有思想改动在前，而政治改动随之者，有政治崩溃在前，思想因政治崩溃而改动者，历史无定例，天演非一途，故论史事宜乎不可必，不可固也。春秋时之思想，其若干趋势已与西周创业时期大不同，此可于《左传》所征引者证之。虽《左传》之编者仍为传统彩色所笼罩，然时代之变，粲然明白，正统派与若干非正统派并见于录，即正统派口中亦每自相矛盾。此变动自何时起乎？今以西周之文献不足，此事未易断言。西周晚期之钟鼎彝器文字虽多，足征此事者则甚少。虽《诗经》所记厉幽以来之辞，怨天尤人者居多，孔子亦言"不怨天不尤人"，似是针对当时怨天者而发，然此亦王政崩溃生命无所寄托时之自然现象，若谓西周晚期竟有怨天尤人之哲学，亦无征也。故本章所言不上于春秋之先，盖西周晚期只有政治史之材料遗于今日，此一小书所讨论者，却为思想史之一问题，既于此时代无所取材，则付之阙如耳。

虽然，西周王政之崩溃必影响及后来思想之分岐，则无疑者。当成周之盛，诸夏仅有一个政治中心，故亦仅有一个最高文化中心。及王政不逮，率土分崩，诸夏不仅有一个政治中心，自亦不仅有一个文化中心。即以物质事项论之，周代铜器，王室及王朝卿士大家之重器几尽在西周，而入春秋之后不闻焉（虢季子白盘，疑为平王时器，此周室大器之最后者。盖此器书手与曾伯霎簠之书手为一人，而曾伯簠又与晋姜鼎为同时，晋姜鼎可确知其为平王时器也。说别详）。列国宝器，时代可征者，绝多在宗周既灭之后，而属于西周鼎盛者甚少，此即物质文化之重心，由一元散为多元之证也。物质生活既如此，则凭藉物质生活而延绪而启发之思想，自当同其变化。且王室益贫，王官四散，辛有入晋（《左传》昭公十五年），史角在鲁（《墨子·所染篇》），抱其遗训以适应于新环境，自不免依新环境而异其端趋。兼以列国分政，各有新兴之士族，各育新变之社会，于是春秋时代东西诸大国在文化上乃每有其相互殊异之处焉。今取地理之观点，以推论春秋末下逮战国时诸派思想所由生。

论儒墨法道四派，分起于鲁宋晋齐，因社会的政治的环境不同，而各异其天人论

晚周之显学，儒、墨、名、法、老子，似皆起于不同的社会政治环境。盖自大体言之，儒出于鲁，墨出于宋，名、法出于晋，托名老子之学则导衍于齐也。此义余将别写一文以论之，今先于此举其涯略，以征战国诸子言性与天道之不同者，盖有其地理的差别为之启导焉。

鲁与儒学

儒出于鲁一说，自来即无问题，在今日更可识其出于鲁之意义。鲁人之大体为殷商遗民，盖殷民六族，条氏、徐氏、萧氏、索氏、长勺氏、尾勺氏之后也。其统治者则为周之宗姓，其助治者则封建

时所锡之祝宗卜史，即殷周时代之智识阶级也（《左传》定公四年）。此种殷商遗民实为鲁国人民之本干，故《左传》记阳虎盟鲁"公及三垣于周社，盟国人于亳社，"明"国人"所奉之祠祀，仍是殷商之国祀也（此说及以下儒家来源说均详拙著《周东封与殷遗民》）。然而鲁为周公冢子伯禽受封之明都，在西周已为东邦之大藩，至东周尤为文化之重镇，丰镐沦陷，成周兵燹，于是"周礼尽在鲁"，于鲁可睹"周公之德，与周之所以王"，盖典册差存，本朝礼乐制度犹未尽失之谓也。

孔子之先，来自宋国，家传旧礼（见《鲁语》），自称殷人（见《檀弓》），故早期儒教中，殷遗色彩甚浓厚，尤以三年之丧一事为明显。所谓三年之丧，乃儒家宗教仪式中之最要义，而此制是殷俗，非周制也。然孔子非如宋襄公专寄托精诚于一姓再兴者，其少长所居，在邹鲁而不在宋，其对今朝之政治，盖充分承认其权能而衷心佩服之。故曰，"周监于二代，郁郁乎文哉，吾从周"。又曰，"甚矣吾衰也，久矣吾不复梦见周公"。夫未衰则梦见周公，将死则曰"丘殷人也"，是其文政以"东周"为目标，其宗教以殷商为归宿，此其受鲁国地域性之影响大矣。故早期儒教实以二代文政遗训之调合为立场，其为鲁国产品，乃必然者也。

宋与墨家

东周列国中，宋人最富于宗教性，亦最富于民族思想，当时称愚人者皆归之宋人（此义刘台拱、刘师培皆言之，前说见其《遗著》，后说见《国粹学报》）。东周诸子学说中，亦以墨家最富于宗教性，《墨子》书中虽对三代一视同仁，然其称宋亦偶过其量。[《备城门》篇，"禽滑厘问于子墨子曰：'由圣人之言，凤鸟之不出，诸侯畔殷周之国，甲兵方起于天下，大攻小，强执弱，吾欲守小国，为之奈何？'"此设论当时事也，而曰"诸侯畔殷周之国"者，盖宋自襄公而后以商道中兴自命，故曰"于周为客"（见《左传》），是居然以周之匹偶自待矣。此一运动，似亦发生相当效力，《春秋》之书会盟，于鲁国王人伯主而外，宋人永居前列，盖当时列国亦间有以东方大统归之者也。称当时天下主为殷商之国，其为宋人语明矣。] 今试绎墨子之教义，在若干事上，似与宋人传说直接矛盾者，如宋人宝贵其桑林万舞，而墨子非乐；宋人惟我独尊，而墨子兼爱天下；宋人仍以公族执政，而墨子尚贤，且反亲亲之论 [《尚同》上："今王公大人之刑政则反此，政以为便譬，宗于（族字之误）父兄故旧，以为左右，置以为正长。"是墨子显以当时公族执政为不当，与孟子同姓卿说及其故国世臣说全相反也]。然此正激之如此，墨子决非但知承袭之教徒，而是革命的宗教家，若不在宋之环境中，其反应不易如是之强烈深切也。故墨子一面发挥其极浓厚之宗教信仰，不悖宋人传统，一面尽反其当世之靡俗，不作任何调和。犹之《新约》书中所载耶稣及保罗之讲说，力排犹太教之末流，其自身之绪，无论变化如何，仍自犹太出耳。

晋与名法

时代入于春秋，政治社会之组织在若干地域上有强烈之变动焉，即早年之家族政治突变为军国政治是也。此事可征者，一见于齐桓之朝，异姓为列卿；再见于曲沃之后，桓庄之族尽戮，晋无公族矣。此种转变，在小国不易出现，在新兴之大国亦不易出现，前者无所兼并，则尚功之义不能发达，后者组织未腐，则转变之机不易舒发。惟旧邦大国，可以兵戎之兴成此转变。晋自翼曲沃分立之后，两门相争，垂数十年，及曲沃为君，翼宗尽夷，献公又以士荐之助，尽杀桓庄群公子，"自是晋无公族"而献公朝中干城拓地之功臣皆为异氏矣（庄公二十三至二十五年）。文公不废此制，识却縠以尚德，登先轸于下军，自是诸公子尽仕于外，不得安居于国。成公时表面上复公族之制，实则公族缘此制更不存在矣。

初，丽姬之乱，诅无畜群公子，自是晋无公族。及成公即位，乃宦卿之適子而为之田，以为公族，又宦其余子，以为余子，其庶子为公行。晋于是乎有公族，余子，公行。赵盾请以（赵）括为公族。……（公）使屏季以其故族为公族大夫。（宣公二年）

公族，余子，公行之名号虽复，其中乃尽是列卿之族，并无公室之子，列卿之宗据公族之位一，而真正公族反须宦居于外。此一变动大矣。于是诗人讥之曰：

……彼其之子美无度。美无度，殊异乎公路。
……彼其之子美如英。美如英，殊异乎公行。
……彼其之子美如玉。美如玉，殊异乎公族（《唐风·汾沮洳》）

盖以此辈"暴发户"，虽外貌美秀，而行止无法度，绝非世家风范，徒有公路公行公族之名，其实则非也。

晋国之政治结构既如此大变，其维系此种结构之原则，自亦当随之大变，于是尊贤尚功之义进，亲亲之义退，于是周代封建制度之正形，即一族统治者，从兹陵替，而代以军国之制矣。在此社会变化中，晋为先进，用此变化，以成伯业，天下莫强焉。

且晋自随武子问礼于周室，"归乃讲聚三代之典礼，于是乎修执秩以为晋法"。公孙周自周入承侯位，修范武子士荐之法，用以复霸。盖当时列国中，法令之修，未有如晋邦者也。下至战国，名法之学皆出三晋，吴起仕魏，申子在韩，卫鞅居梁，韩非又韩之诸公子也。即如儒家之荀卿，其学杂于法家，其人则生于赵土。名法之学，出于晋国明矣。法家多以为天道不必谈，其人性观则以为可畏以威，而不可怀以德，无论明言性恶与否，要非性善之论也。此一派思想之发展，固有待于晋国新政新社会之环境者焉。

齐与道家

老子为何如人，《老子》五千文为何人何时之作，皆非本文所论，兹所揭举者，乃谓战国末汉初黄老之学实为齐学，此学与管子学为一脉，而管子学又纯为齐人之学也。今先论管子学之当出于齐。

齐之为国，民众而土不广，国富而兵不强，人习于文华，好为大言，而鲜晋人之军法训练，故欲争雄于列国之间，惟有"斗智不斗力"之一术耳。试遍观《管子》一书，绝无一语如《左传》《国语》所载之晋国武风，而多是奇巧谋略，操纵经济政策以制胜，利用地中富源以固国者，其中固颇有荒诞之辞，且间以阴阳禁忌，要其最特殊之义，则不出太史公所撮论者：

> 其为政也，善因祸而为福，转败而为功。贵轻重，慎权衡。……故曰："知'与之为取'政之宝也。"（《管晏列传》）

所谓"权衡""轻重"，皆计谋也。此与老子义固全合。《管子》书之释"与之为取"者，又云：

故刑罚不足以畏其意，杀戮不足以服其心。故刑罚繁而意不恐，则令不行矣，杀戮罪而心不服，则上位危矣。故从其四欲，则远者自亲，行其四恶，则近者叛之。故知"予之为取"者，政之宝也。

此正《老子》书中所谓"民不畏死，奈何惧之"者也。汉初，黄老之学盛极一时，其遗书自五千言外今鲜存者。然《管子》书中犹存若干当时奉持此学者之通义，曹相国孝文帝安民致富之术，皆有所取焉。《管子》在汉初为显学，故刘向所校"凡中外书五百六十四"，此中亦可识管老相邻，因而并盛之消息也。刘子政时，老学已变，管学已衰，刘氏犹识此派与申韩商君之不合，而列之道家，此亦足证此学之宗派也。后人乃竟以之列于法家，使与申韩商君并处，诚无识之极矣（《隋志》已然，《直斋书录解题》且谓管商用心同，直闭眼胡说也）。

且黄老之学中，不特托名《管子》之书出自齐地也，即老子学之本身在战国末汉初亦为齐学。《史记·乐毅列传》云：

而乐氏之族有乐瑕公、乐臣公。赵且为秦所灭，亡之齐高密。乐臣公善修黄帝、老子之言，显闻于齐，称贤师。乐臣公学黄帝、老子，其本师号曰河上丈人，不知其所出。河上丈人教安期生，安期生教毛翕公，毛翕公教乐瑕公，乐瑕公教乐臣公，乐臣公教盖公，盖公教于齐高密胶西，为曹相国师。

老子之天道说为自然论，管书老子之人性观，皆与三晋法家极度相反，此当于他处论之。

齐地出产此一大派思想之外，又出产一派极有影响于后世之《天道论》，即阴阳五行说是也。后一派之出于齐地，观汉《郊祀志》，知其亦非偶然。盖齐地之上层思想集合成一自然论，其下层信念混融成一天运说，此两派入汉朝皆极有势力，溶化一切方术家言者也。

初写此册时，欲并入道家阴阳家之天道论，故列此章。继以如是必将此书倍之，乃留待他日。此章所论，亦间与下文有关，遂不删也。

作者附记

第六章　春秋时代之矛盾性与孔子

　　春秋时代之为矛盾时代，是中国史中最明显之事实。盖前此之西周与后此之战国全为两个不同之世界，则介其间者二三百年之必为转变时期，虽无记载，亦可推想知之。况春秋时代记载之有涉政治社会者，较战国转为充富，《左传》一书，虽编定不出于当时，而取材实为春秋列国之语献，其书诚春秋时代之绝好证物也（《左传》今日所见之面目自有后人成分在内，然其内容之绝大部分必是战国初年所编，说别详）。春秋时代既为转变时代，自必为矛盾时代，凡转变时代皆矛盾时代也。

　　春秋时代之为矛盾，征之于《左传》《国语》者，无往不然，自政治以及社会，自宗教以及思想，弥漫皆是。其不与本文相涉者，不具述，述当时天人论中之矛盾。

　　春秋时代之天道观，在正统派自仍保持大量之神权性，又以其在《周诰》后数百年，自亦必有充分之人定论。试看《左氏》、《国语》，几为鬼神灾祥占梦所充满，读者恍如置身殷商之际。彼自言"国之大事在祀与戎"，则正是殷商卜辞之内容也。此诚汪容甫所谓其失也巫矣。然亦偶记与此一般风气极端相反之说，其说固当时之新语，亦必为《左氏》《国语》作者所认为嘉话者也。举例如下：

性命古训辨证

季梁……对曰："夫民，神之主也。"（桓公六年）

（宫之奇）对曰"……如是，则非德民不和，神不享矣。神所凭依，将在德矣。"（僖公五年）

及惠公在秦，曰："先君若从史苏之占，吾不及此夫！"韩简侍曰："……先君之败德，其可数乎？史苏是占，勿从何益？"（僖公十五年）

（周内史叔兴父）对曰："……是阴阳之事，非吉凶所生也。吉凶由人。"（僖公十六年）

邾文公卜迁于绎。史曰："利于民而不利于君。"邾子曰："苟利于民，孤之利也。天生民而树之以君，以利之也。民既利矣，孤必与焉。"左右曰："命可长也，君何弗为？"邾子曰："命在养民。死之短长，时也。民苟利矣，迁也，吉莫如之！"遂迁于绎。五月，邾文公卒。君子曰："知命。"（文公十三年）

晋侯问于士弱曰："吾闻之，宋灾，于是乎知有天道，何故？"对曰："……商人阅其祸败之衅，必始于火，是以日知其有天道也。"公曰："可必乎？"对曰："在道，国乱无象，不可知也。"（襄公九年）

楚师伐郑……（晋）董叔曰："天道多在西北，南师不时，必无功。"叔向曰："在其君之德也。"（襄公十九年）

有星孛于大辰。……郑裨灶言于子产曰："宋卫陈郑将同日火。若我用瓘斝玉瓒，郑必不火。"子产弗与。……戊寅，风甚。壬午，大甚。宋、卫、陈、郑皆火。……裨灶曰："不用吾言，郑又将火。"郑人请用之，子产不可。子大叔曰："宝以保民也。若有火，国几亡。可以救亡，子何爱焉？"子产曰："天道远，人道迩，非所及也，何以知之？灶焉知天道？是亦多言矣，岂不或信？"遂不与，亦不复

136

火。（昭公十七年至十八年）

此中所论固与周召之诰一线相承，然其断然抹杀占梦所示及当时之天道论，实比托词吉卜之《大诰》犹为更进一步。此等新说固与时人之一般行事不合，《左传》自身即足证明之矣。

春秋时代之人论，在一般人仍是依族类而生差别之说。《左氏》书既引史佚"非我族类其心必异"之语，又假郑小驷以喻之，以种言，则别夷狄华夏（富辰语，见僖公二十四年），以等言，则辨君子小人（阴饴甥语，见僖公十五年）。然"斯民同类"之意识，亦时时流露，既称晋文听舆人之诵，复美曹沫鄙肉食之言，对于庶民之观念已非如往昔之但以为"氓之蚩蚩"也。且其时族类间之界画已不甚严，"虽楚有才，晋实用之"。绛登狐氏，秦用由余。其于吴也，固贱其为断发之荆蛮，亦奉之为姬姓之长宗。其于秦也，犹未如魏邦既建田氏篡齐之时以夷狄遇之也。再就阶级言之。《周诰》之词，固已认人事胜天定，犹绝无君侯之设乃为庶民服务之说，然此说在《左传》则有之。师旷曰："天之爱民甚矣，岂其使一人肆于民上？"宫之奇曰："夫民，神之主也，是以圣王先成民而后致力于神。"邾文公曰："命在养民。"由此前进一步，便是孟子民贵君轻之谈，其间可无任何过渡阶级矣。

括而言之，春秋时代，神鬼天道犹颇为人事之主宰，而纯正的人道论亦崭然出头。人之生也，犹辨夷夏之种类，上下之差别，而斯民同类说亦勃然以兴。此其所以为矛盾时代。生此时代之思想家，如不全仍旧贯，或全作新说，自必以调和为途径，所谓集大成者，即调和之别名也。

孔子

孔子一生大致当春秋最后三分之一，则春秋时代之政治社会变动自必反应于孔子思想之中。孔子生平无著述（作《春秋》赞《周易》之说，皆不可信）。其言语行事在后世杂说百出，今日大体可持为据者，仅《论语》《檀弓》两书耳。《檀弓》所记多属于宗教范围，故今日测探孔子之天人论应但以《论语》为证矣。试绎《论语》之义，诚觉孔子之于天人论在春秋时代为进步论者，其言与上文所引《左传》所载之新说嘉话相同，而其保持正统遗训亦极有力量。然则孔子并非特异之学派，而是春秋晚期开明进步论者之最大代表耳。孔子之宗教以商为统，孔子之政治以周为宗。以周为宗，故曰："如有用我者，吾其为东周乎。"其所谓"为东周"者，正以齐桓管仲为其具体典范。故如为孔子之政治论作一名号，应曰霸道，特此所谓霸道，远非孟子所界说者耳。

孔子之言性与天道，一如其政治论之为过渡的，转变的。《论语》记孔子言性与天道者不详，此似非《论语》取材有所简略，盖孔子实不详言也。子夏曰："夫子之文章可得而闻也，夫子之言性与天道不可得而闻也已。"（据倭本增"已"字）《论语》又曰："子罕言利，与命，与仁。"（宋儒或以为与命、与仁之与字应作动字解，犹言许命许仁也。此说文法上实不可通。与之为连续词毫无可疑。《晋语》言："杀晋君，与逐出之，与以归之，与复之，孰利？"此同时书中语法可征者也。）今统计《论语》诸章，诚哉其罕言，然亦非全不言也。列举如下：

子曰："……五十而知天命。"（《为政》）

子曰:"不知命,无以为君子也。"(《尧曰》)

子曰:"君子有三畏,畏天命,畏大人,畏圣人之言。小人不知天命而不畏也,狎大人,侮圣人之言。"(《季氏》)

子曰:"道之将行也与,命也。道之将废也与,命也。公伯寮其如命何?"(《宪问》)

子曰:"天生德于予,桓魋其如予何?"(《述而》)

子畏于匡,曰:"文王既殁,文不在兹乎?天之将丧斯文也,后死者不得于斯文也。天之未丧斯文也,匡人其如予何?"(《子罕》)

子曰:"凤鸟不至,河不出图,吾已矣夫!"(《子罕》)

颜渊死,子曰:"噫,天丧予,天丧予!"(《先进》)

伯牛有疾,子问之,自牖执其手,曰:"亡之,命也夫!斯人也而有斯疾也,斯人也而有斯疾也!"(《雍也》)

子疾病,子路请祷,子曰:"有诸?"子路对曰:"有之。诔曰:'祷尔于上下神祇。'"子曰:"丘之祷久矣。"(《述而》)

子夏曰:"商闻之矣(此当是闻之孔子,故并引),'死生有命,富贵在天。'"(《颜渊》)

子曰:"莫我知也夫!"子贡曰:"何为其莫知子也?"子曰:"不怨天,不尤人,下学而上达,知我者,其天乎?"(《宪问》)

子曰:"予欲无言。"子贡曰:"子如不言,则小子何述焉?"子曰:"天何言哉?四时行焉,百物生焉。天何言哉?"(《阳货》)

子不语怪、力、乱、神。(《述而》)

理会以上所引,知孔子之天道观有三事可得言者:

其一事曰,孔子之天命观念,一如西周之传说,春秋之世俗,非有新界说在其中也。孔子所谓天命,指天之意志,决定人事之成败吉凶祸福者，其命定论之彩色不少。方其壮年，以为天生德于予，庶几其为东周也。及岁过中年，所如辄不合，乃深感天下事有不可以人力必成者，乃以知天命为君子之德。颜回、司马牛早逝，则归之于命；公伯寮、桓魋见谋，则归之于命；凤鸟不至，而西狩获麟，遂叹道之穷矣。在后人名之曰时，曰会合，在今人名之曰机会者，在孔子时尚不用此等自然名词，仍本之传统，名之曰天命。孔子之所谓天命，正与金文《周诰》之天令（或作天命）为同一名词，虽彼重言命之降，此重言命之不降，其所指固一物，即吉凶祸福成败也。

其二事曰，孔子之言天道，虽命定论之彩色不少，要非完全之命定论，而为命定论与命正论之调合。故曰："一日克己复礼，天下归仁焉。"又曰："知我者其天乎！"夫得失不系乎善恶而天命为前定者，极端命定论之说也。善则必得天眷，不善则必遭天殃，极端命正论之说也。后说孔子以为盖不尽信，前说孔子以为盖无可取，其归宿必至于俟命论。所谓俟命论者，谓修德以俟天命也。凡事求其在我，而不责其成败于天，故曰"不怨天"，尽人事而听天命焉，故曰"丘之祷久矣"。此义孟子发挥之甚为明切，其辞曰，"修身以俟之"，又曰，"顺受其正"，又曰，"尽其道而死者，正命也"。此为儒家天人论之核心，阮芸台言之已详，今不具论。

其三事曰，孔子之言天道，盖在若隐若显之间，故罕言之，若有所避焉，此与孔子之宗教立场相应，正是脱离宗教之道德论之初步也。夫罕言天道，是《论语》所记，子贡所叹。或问禘之说，孔子应之曰："不知也，知其说则于天下犹运之掌。"是其于天也，犹极虔敬而尊崇，盖以天道为礼之本，政事为礼之用。然而不愿谆谆言之者，言之详则有时失之诬，言之详则人事之分量微，此皆孔子所不欲也。与其详言而事实无征，何如虔敬以寄托心志？故孔子之不详言，不可归之记录有阙，实有意如此耳。子不语"怪、力、乱、神"，然而"祭如在，祭神如神在"。又曰，"吾不与祭，如不祭"。其宗教之立场如此，其道德论之立场亦复一贯。孔子之道德观念，其最前假定仍为天道，并非自然论，亦未纯是全神论（Pantheism），惟孔子并不盘桓于宗教思想中，虽默然奉天以为大本，其详言之者，乃在他事不在此也。

　　如上所言，其第一事为古昔之达名，其二三两事亦当时贤智之通识，孔子诚是春秋时代之人，至少在天道论上未有以超越时代也。在彼时取此立场固可得暂时之和谐，然此立场果能稳定乎？时代既已急转，思想主宰既已动摇，一发之势不可复遏，则此半路之立场非可止之地。故墨子对此施其攻击，言天之明明，言命之昧昧，而孟子亦在儒家路线上更进一步，舍默尔而息之态，为深切著明之辞。孔子能将春秋时代之矛盾成一调和，却不能使此调和固定也。

　　孔子之天论立于中途之上，孔子之人论亦复如是。古者以为人生而异，族类不同而异，等差不同而异，是为特别论之人性说。后世之孟子以为人心有其同然，圣人先得人心之同然者也，是为普遍论之人性说，孔子则介乎二者之间。今引《论语》中孔子论人之生质诸事：

　　　子曰："性相近也，习相远也。"（《阳货》）
　　　子曰："惟上智与下愚不移。"（《阳货》）
　　　子曰："中人以上可以语上也，中人以下不可以语上也。"（《雍也》）
　　　孔子曰："生而知之者上也，学而知之者次也，困而学之又其次也，困而不学，民斯为下矣。"（《季氏》）

子曰:"民可使由之,不可使知之。"(《泰伯》)

子曰:"惟女子与小人为难养也。近之则不逊,远之则怨。"(《阳货》)

孔子以为人之生也相近,因习染而相远,足征其走上普遍论的人性说已远矣,然犹未至其极也。故设上智下愚之例外,生而知,学而知,困而学之等差,犹以为泯泯众生,所生之凭借下,不足以语于智慧,女子小人未有中上之素修,乃为难养,此其与孟子之性善论迥不侔矣。

在人论上,遵孔子之道路以演进者,是荀卿而非孟子。孔子以为人之生也,大体不远,而等差亦见,故必济之以学,然后归于一路。孔子认为尽人皆须有此外工夫,否则虽有良才,无以成器,虽颜回亦不是例外,故以克己复礼教之。此决非如孟子所谓"万物皆备于我,反身而诚,乐莫大焉"者也。引《论语》如下:

子曰:"我非生而知之者,好古敏以求之者也。"(《述而》)

子曰:"……好仁不好学,其蔽也愚。好知不好学,其蔽也荡。好信不好学,其蔽也贼。好直不好学,其蔽也绞。好勇不好学,其蔽也乱。好刚不好学,其蔽也狂。"(《阳货》)

孔子对曰:"有颜回者好学,不迁怒,不贰过。"(《雍也》)

颜渊问仁。子曰:"克己复礼为仁。一日克己复礼,天下归仁焉。为仁由己,而由人乎哉?"颜渊曰:"请问其目。"子曰:"非礼勿视,非礼勿听,非礼勿言,非礼勿动。"(《颜渊》)

颜渊喟然叹曰:"……夫子循循然善诱人,博我以文,约我以礼。"(《子罕》)

　　子贡问曰:"孔文子,何以谓之文也。"子曰:"敏而好学,不耻下问,是以谓之文也。"(《公冶长》)

孔子以为人之生也不齐,必学而后志于道。荀子以为人之生也恶,必学而后据于德。其人论虽有中性与极端之差,其济之之术则无异矣。兹将孔、孟、荀三氏之人性说图以明之。

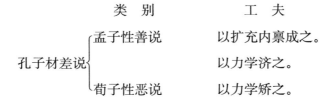

后人以尊德性、道问学分朱陆,其实此分辩颇适用于孟子、荀卿,毋若孔子,与其谓为尊德性,毋宁谓之为道问学耳。
　　孔子之地位,在一切事上为承前启后者,天人论其一焉。

第七章　墨子之非命论

《墨子》一书不可尽据，今本自《亲士》至《三辩》七篇宋人题作经者，虽《所染》与吕子合，《三辩》为《非乐》余义，《法仪》为《天志》余义，《七患》《辞过》为《节用》余义《皆孙仲容说》，大体实甚驳杂。《修身》一篇全是儒家语，《亲士》下半为《老子》作注解，盖汉人之书也。《经》上下、《经说》上下，自为一种学问，不关上说下教之义。《大取》至《公输》七篇，可称墨家杂篇，其多精义。壹如《庄子杂篇》之于《庄子》全书。若其教义大纲之所在，皆含于《尚贤》至《非儒》二十四篇中，据此可识墨义之宗宰矣。

读《墨子》书者，总觉其宗教彩色甚浓，此自是极确定之事实，然其辩证之口气，有时转比儒家更近于功利主义。墨子辩证之方式有所谓三表者，其词曰：

子墨子言曰："有本之者，有原之者，有用之者。于何本之？上本之于古者圣王之事。于何原之？下原察百姓耳目之实。于何用之？发以为刑政，观其中国家百姓人民之利。此所谓三表也。"（《非命》上）

"本之"即荀子所谓"持之有故","原之"即荀子所谓"言之成理"，前者举传训以为证，后者举事理以为说。至于"用之"，则纯是功利论之口气，谓如此如此乃是国家百姓万人之大利也。孔子以为自古皆有死，孟子以为舍生而取义，皆有宗教家行其所是之风度，墨子乃沾沾言利，言之不已，虽其所谓利非私利，而为万民之公利，然固不似孟子之劈头痛绝此一名词也。其尤甚者，墨子以为鬼纵无有，亦必须假定其有，然后万民得利焉。

> 虽使鬼神请（诚）无，此犹可以合欢聚众，取亲于乡里。（《明鬼》下）

此则俨然服而德氏之说，虽使上帝诚无，亦须假设一个上帝。此虽设辩之词，然严肃之宗教家不许如此也。甚矣中国人思想中功利主义之深固，虽墨家亦如此也。然此中亦有故，当时墨家务反孔子，而儒家自始标榜"君子喻于义，小人喻于利""喻犹晓也"。故墨子乃立小人之喻以为第三表，且于三表中辞说最多焉，墨子固以儒家此等言辞为伪善者也。孟子又务反墨说，乃并此一名词亦排斥之。此节虽小，足征晚周诸子务求相胜，甲曰日自东出，乙必曰日自西出，而为东西者作一新界说，或为方位作一新解，以成其论。识此则晚周诸子说如何相反相生，有时可得其隐微，而墨子之非命论与儒如何关系，亦可知焉。

又有一事，墨子极与孔子相反者，孔子"博学而无所成名""无可无不可"，墨子则为晚周子籍中最有明白系统者。盖孔子依违调和于春秋之时代性中，墨子非儒，乃为断然的主张，积极的系统制作，其亦孔子后学激之使然耶？

　　墨子教义以宗教为主宰，其论人事虽以祸福利害为言，仍悉溯之于天，此与半取宗教之孔子固不同，与全舍宗教之荀子尤极端相反也。今试将墨子教义图以明之：

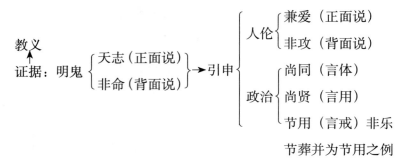

节葬并为节用之例

《墨子·鲁问篇》云：

　　国家昏乱，则语之尚贤，尚同。国家贫，则语之节用，节葬。国家喜音耽湎，则语之非乐，非命。国家淫僻无礼，则语之尊天，事鬼。国家务夺侵凌，则语之兼爱，非攻。(《鲁问》)

　　此虽若对症下药，各自成方，而寻绎其义理，实一完固之系统，如上图所形容也。墨孟荀三氏之思想皆成系统，在此点上，三家与孔子不同，而墨子之系统为最严整矣。墨义之发达全在务反儒学之道路上。当时儒家对鬼之观念，立于信不信之半途，而作不信如信之姿势，且儒家本是相对的信命定论者，墨家对此乃根本修正之。今引其说：

　　儒以天为不明，以鬼为不神，天鬼不说（问禘，答曰不知，性与天道不可得闻，皆孔子不说或罕说天鬼之证也。说读如字）。此足以丧天下。……又以命为有，贫富，寿夭，治乱，安危，有极矣，

不可损益也。为上者行之，必不听治矣，为下者行之，必不从事矣，此足以丧天下。（《公孟》）

公孟子曰："无鬼神。"又曰："君子必学祭祀。"（毕沅曰，祀当为礼）子墨子曰："执无鬼而学祭礼，是犹无客而学客礼也，是犹无鱼而为鱼罟也。"（《公孟》）

立命而怠事，不可使守职。（《非儒》）

此皆难儒斥儒之词，既足以见墨义之宗旨，更足以证墨学之立场。儒家已渐将人伦与宗教离开，其天人说已渐入自然论，墨者乃一反其说，复以宗教为大本，而以其人事说为其宗教论之引申。墨家在甚多事上最富于革命性，与儒家不同，独其最本原之教义转似走上复古之道路，比之儒家，表面上为后于时代也。

然墨子之宗教的上天，虽抛弃儒家渐就自然论渐成全神论之趋势，而返于有意志有喜怒之人格化的上天，究非无所修正之复古与徒信帝力之大者所可比也。墨子之天实是善恶论之天神化，其上天乃一超于人力之圣人，非世俗之怪力乱神也。如许我以以色列教统相比拟，《旧约》中尚少此等完全道德化之帝天，四福音中始见此义耳。是则墨子虽以宗教意识之重，较儒家为复古，亦以其上天之充分人格化道德化，转比儒家之天道说富于创造性。盖墨子彻底检讨人伦与宗教之一切义，为之树立上下贯彻之新解，虽彼之环境使以宗教为大本，而彼之时代亦使彼为一革新的宗教家，将道德理智纳之于宗教范畴之下，其宗教之本身遂与传统者有别。墨子立论至明切，非含胡接受古昔者也。《天志》三篇为彼教义之中心，其所反复陈言者：一则以为天有志，天志为义，义自天出。二则以为天兼有天下之人，故兼爱天下之人。三则以为从天之意者必得赏，背天之意者必得罚，人为天之所欲，则天为人之所欲，人为天之所恶，则天为人之所恶。四则以为天为贵，天为智，自庶人至于天子，皆不得次已而为政，有天政之。据此，可知墨子之天，乃人格化道德化之极致，是圣人之有广大权能在苍苍上者，故与怪、力、乱、神不可同日语也。

兹将墨义系统如前图所示者再解说之，以明其条贯。墨子以为天非不言而运行四时者，乃有明明赫赫之意志者，人非义不生，而义"自天出"。天意者，"上尊天，中事鬼神，下爱人"。行如此则天降之福，行不如此则天降之祸。墨子又就此义之背面以立论，设为非命之辨，以为三代之兴亡，个人之祸福，皆由自身之行事，天无固定之爱憎，即无前定之命焉，果存命定之说，万人皆怠其所务，"是覆天下之义"，而"灭天下之人矣"。今知天志非命为墨义系统中之主宰者，可取下引为证：

> 子墨子言曰："我有天志，譬如轮人之有规，匠人之有矩，轮匠执其规矩，以度天下之方圜，曰，中（读去声，下同）者是也，不中者非也。"（《天志上》）
>
> 故子墨子之有天之意也，上将以度天下之王公大人为刑政也，下将以量天下之万民为文学出言谈也。……故置此以为法，立此以为仪，将以量度天下之王公大人卿大夫之仁与不仁，譬之犹分黑白也。（《天志中》）

今又知墨子论人事诸义为天志非命之引申者，可取下引为证：

> 子墨子曰："天之意不欲大国之攻小国也，大家之乱小家也，强

之暴寡，诈之谋愚，贵之傲贱，此天之所不欲也。不止此而已，欲人之有力相营，有道相教，有财相分也。又欲上之强听治也，下之强从事也。"(《天志中》)

顺天之意者兼也，反天之意者别也。兼之为道也义正，别之为道也力正。曰："义正者何若？"曰："大不攻小也，强不侮弱也，众不贼寡也，诈不欺愚也，贵不傲贱也，富不骄贫也，壮不夺老也。是以天下之庶国莫以水火毒药兵刃以相害也。……"曰："力正者何若？"曰："大则攻小也，强则侮弱也，众则贼寡也，诈则欺愚也，贵则傲贱也，富则骄贫也，壮则夺老也。是以天下之庶国方以水火毒药兵刃以相贼害也。"(《天志下》)

据此，则兼爱非攻皆天之意向，墨子奉天以申其说。尚同则壹天下人之行事以从天志，虽尚贤亦称为天之意焉。其言曰：

故古圣王以审以尚贤便能为政，而取法于天。虽天亦不辩贫富、贵贱、远近、亲疏、贤者举而尚之，不肖者抑而废之。(《尚贤中》)

故天志非命为墨义系统之主宰，无可疑也。

墨子之天道观对儒家为反动者，已如上文所论，其对《周诰》中之大道论，则大体相同，虽口气有轻重，旨命则无殊也。此语骤看似不可通，盖《周诰》中历言天不可信，而墨子以天之昭昭为言；《周诰》以为修短由人，墨子以为志之在天。然疏解古籍者，应识其大义，不可墨守其名词。墨子所非之命，指命定之论而言，以祸福有前定而不可损益者也，此说亦《周诰》中所力排者也。墨子所主张之天志，乃作善天降祥，作不善天降殃之说，谓天明明昭昭，赏罚可必，皆因人之行事而定，而非于人之行事以外别有所爱憎，此说正《周诰》所力持者也。《非命篇》全是《周诰》中殷纣丧命汤武受命说之注脚，而《天志篇》虽口气有轻重，注意点有不同，其谓天赏劳动善行，罚荒佚暴政，则无异矣。《周诰》为政治论，墨义为宗教论，其作用原非一事，故词气不同，若其谓天命之祸福皆决之于人事，乃无异矣。（参看本篇第二章）

  墨子之天道论固为周初以来（或不止于周初）正统天道论一脉中在东周时造成之极峰，其辞彩焕发，引喻明切，又为东周诸子所不及。（希腊罗马之散文体以演说为正宗，中国之古演说体仅存于《墨子》。其陈义明切，辩证严明，大而不遗细，守而能攻击，固非循循讷讷之孔子，强辞夺理之孟子所能比，即整严之荀子，深刻之韩子，亦非其匹，盖立义既高，而文词又胜也。）然亦有其缺陷，易为人攻陷者，即彼之福善祸淫论在证据上有时不能自完其说，其说乃"无征不信，不信民弗从"也。请证吾说：

  有游于子墨子之门者，谓子墨子曰："先生以鬼神为明知（智），能为祸福（据王孙二氏校），为善者富之，为暴者祸之。今吾事先生久矣，而福不至，意者先生之言有不善乎？鬼神不明乎？我何故不得福也？"子墨子曰："虽子不得福，吾言何遽不善？而鬼神何遽不明？子亦闻乎匿徒有刑乎？"（从俞校）对曰："未之得闻也。"子墨子曰："今有人于此，什子，子能什誉之而一自誉乎？"对曰："不能。""有人于此，百子，子能终身誉其善而子无一乎？"对曰："不能。"子墨子曰："匿一人者犹有罪，今子所匿者若此其多，将有厚罪者也，何福之求？"

  子墨子有疾，跌鼻进而问曰："先生以鬼神为明，能为祸福，为善者赏之，为不善者罚之。今先生圣人也，何故有疾？意者先生之言有不善乎？鬼神不明知（智）乎？"子墨子曰："虽使我有病，（鬼神）何遽不明？人之所得于病者多方，有得之寒暑，有得之劳苦。百门而闭一门焉，则盗何遽无从入？"（《公孟》）

此真墨说之大缺陷矣。弟子不得福，则曰汝尚未善也，若墨子有其早死之颜回，则又何说？且勉人以善更求善，一般人之行善固有限度者，累善而终得祸，其说必为人疑矣。《旧约》记约百力行善，天降之祸，更善，更降之祸，虽以约百之善人，终不免于怨天焉。墨子自身有疾，则曰，病由寒暑劳苦也，此非得自天焉，且以一对百比天意与他故之分际，此真自降其说矣。不以天为全智全能，则天志之说决不易于动听也。夫耶稣教之颇似墨义，自清末以来多人言之，耶稣教有天堂地狱之说，谓祸福不可但论于此世，将以齐之于死后也。故善人得福在于天堂，恶人得祸在于地狱，恶人纵得间于生前，必正地火之刑于死后，至于世界末日，万类皆得平直焉。此固无可证其必有，亦无可证其必无之说。然立说如此乃成一完全之圆周，无所缺漏。如墨子之说，虽宗教意识极端发达，而不设身后荣辱说以调剂世间之不平，得意者固可风从，失意者固不肯信矣。墨家书传至现在者甚少，当年有无类于天堂地狱之说，今固不可确知，然按之《墨子》书，其反复陈说甚详，未尝及此也。其言明鬼，亦注重在鬼之干预世间事，未言鬼之生活也。墨子出身盖亦宋之公族（颉刚语我云，墨氏即墨夷氏，公子目夷之后。其说盖可信），后世迁居于鲁，与孔子全同，亦孔融所谓"圣人之后不得其位而亡于宋"者也。其说虽反儒家之尚学，其人实博极群书者，言必称三代，行乃载典籍，亦士大夫阶级之人也。其立教平等，舍亲亲尊尊之义，而惟才是尚，其教也无类，未有儒家"礼不下庶人"之恶习，故其教徒中所吸收者，甚多工匠及下层社会中人，而不限于士流，于是显然若与儒学有阶级之差异者。其人之立身自高于孔子甚远，然而其自身究是学问之士，兼为教训政治之人，非一纯粹之宗教家也。此其为人所奉信反不如张角者欤？

第八章　孟子之性善论及其性命一贯之见解

墨子亟言天志，于性则阙之，是亦有故。大凡以宗教为思想之主宰者，所隆者天也，而人为藐小，故可不论。务求脱去宗教色彩之哲学家，不得不立其大本，而人适为最便于作此大本者。此虽不可一概论，然趋向如是者多矣。墨学以宗教为本，其不作人论也，固可假设以书缺有间，然墨义原始要终，今具存其旨要，辩说所及，枝叶扶疏，独不及于人论者，绝不似天人之论失其一半，盖墨子既称天而示行，则无所用乎称人以载道也。

孟子一反墨家自儒反动之路，转向儒家之本而发展之，其立场比孔子更近于全神论及自然论，即比孔子更少宗教性。夫立于全神论，则虽称天而天实空；立于自然论，则天可归之冥冥矣。此孟子不亟言天而侈论性之故与？

孟子之言天道也，与孔子无殊，在此一界中，孟子对孔子，无所增损，此义赵岐已言之：

宋桓魋害孔子，孔子称"天生德于予"。鲁臧仓毁隔孟子，孟子曰："臧氏之子，焉能使余不遇哉？"旨意合同。若此者众。

其谓际合成败有待于天命者如此。虽然，孔子孟子之所谓天命，非阴阳家之天命，其中虽有命定之义，亦有命正之义焉，所谓"修身以俟之"，"尽其道而死者正命也"（《尽心》上）。此以义为命之说，自谓述之于孔子：

弥子谓子路曰："孔子主我，卫卿可得也。"子路以告。孔子曰"有命"。孔子进以礼，退以义，得之不得曰有命。而主痈疽与侍人瘠环，是无义无命也。（《万章》上）

且以为天命之降否纵一时有其不可知者，结局则必报善人：

苟为善，后世子孙必有王者矣。君子创业垂统，为可继也。若夫成功，则天也。君如彼何哉？强为善而已矣。（《梁惠王》下）

其命正论之趋向固如是明显，然命运论之最早见于载籍者亦在《孟子》中：

天下之生久矣，一治一乱。（《滕文公》下）
五百年必有王者兴，其间必有名世者。（《公孙丑》下）

此则微似邹衍矣。孟子固不自知其矛盾也。

今于说孟子性善论之前，先述孟子思想所发生之环境。墨翟之时，孔学鼎盛，"墨子学儒者之业，受孔子之术，以为其礼烦扰而不悦，厚葬靡财而贫民，久服伤生而害事，故背周道而用夏政"（《淮南·要略》）。盖务反儒者之所为也。孟轲之时，"杨朱墨翟之言盈天下，天下之言不归杨则归墨"。孟子以为杨朱之言性（生），徒纵口耳之欲，养其一体即忘其全也，遂恶养小以失大，且以为性中有命焉。今杨义不存，孟子言之激于杨氏而出者，不可尽知，然其激于墨氏而出者，则以墨义未亡，大体可考。墨子立万民之利以为第三表，孟子则闻利字若必洗耳然，以为此字一出乎心，其后患不可收拾。其务相反如此。墨子以为上天兼有世人，兼而食之，遂兼而爱之。孟子以为"人之于身也兼所爱，兼所爱则兼所养"。其受墨说影响之辞气又如此。此虽小节，然尤足证其影响之甚也。若夫孔子，以为杞宋不足征，周监于二代，乃从后王之政。墨子侈言远古，不信而征，复立仪范虞夏之义，以为第一表。孟子在墨子之后，乃不能上返之于孔子，而下迁就于墨说，从而侈谈洪荒，不自知其与彼"尽信书则不如无书"之义相违也。故孟子者，在性格，在言谈，在逻辑，皆非孔子之正传，且时与《论语》之义相背，彼虽以去圣为近，愿乐孔子，实则纯是战国风习中之人，墨学磅礴后激动以出之新儒学也。

在性论上，孟子全与孔子不同，此义宋儒明知之，而非宋儒所敢明言也。孔子之人性说，以大齐为断，以中性为解，又谓必济之以学而后可以致德行，其中绝无性善论之含义，且其劝学乃如荀子。孟子舍宗教而就伦理，罕言天志而侈言人性，墨子以为仁义自天出者，孟子皆以为自人出矣。墨孟皆道德论者，道德论者，必为道德立一大本，墨子之大本，天也；孟子之大本，人也，从天志以兼爱，与夫扩充性端以为仁义，其结构同也。是则孟子之性善说，亦反墨反宗教后应有之一种道学态度矣。

当孟子时，论人生所赋之质者不一其说，则孟子之亟言性也，亦时代之所尚，特其质言性善者是其创作耳。当时告子以为"性无善无不善"，此邻于道家之说。又或以为"性可以为善，可以为不善，是故文武兴则民好善，幽厉兴则民好暴"，此似同于孔子之本说。又或以为"有性善，有性不善，是故以尧为君而有象，以瞽瞍为父而有舜"，此则孔子所指上智下愚不移之例外也（以上或说皆见《告子篇》上）。今孟子皆非之，与孔子迥不侔矣。

告子性超善恶之说，以为仁义自外习成，非生之所具，欲之仁义，必矫揉之然后可。孟子性善之说，以为仁义礼智皆出于内心，即皆生来之禀赋，故以性为善，其为恶者人为也，《孟子》书中立此义者多，引其辨析微妙者一章：

孟季子问于公都子曰："何以为义内也？"曰："行吾敬，故谓之内也。"

"乡人长于伯兄一岁。则谁敬？"曰："敬兄。"

"酌则谁先？"曰："酌乡人。"

"所敬在此，所长在彼，果在外，非由内也。"

公都子不能答，以告孟子。孟子曰："敬叔父乎？敬弟乎？彼将曰敬叔父。曰，弟为尸则谁敬？彼将曰敬弟。子曰，恶在其敬叔父也。彼将曰，在位故也。子亦曰，在位故也。庸敬在兄，斯须之敬在乡人。"

季子闻之，曰："敬叔父则敬，敬弟则敬，果在外，非由内也。"

公都子曰："冬日则饮汤，夏日则饮水，然则饮食亦在外也"。

义者，是非之辩，所以论于行事者也，孟季子重言行事之本身，以为因外界之等差而异其义方，故认为义外；孟子重言其动机，以为虽外迹不齐，而其本自我，故认为义内。自今日视之，此等议论，皆字面之辩耳。虽然，欧洲哲学家免于字面之辩者又几人乎？

今更引《孟子》论性各章中最能代表其立说者之一章：

孟子曰："乃若其情，则可以为善矣，乃所谓善也。若夫为不善，非才之罪也。"

"恻隐之心，人皆有之；羞恶之心，人皆有之；恭敬之心，人皆有之；是非之心，人皆有之。恻隐之心，仁也；羞恶之心，义也；恭敬之心，礼也；是非之心，智也。仁、义、礼、智，非由外铄我也，我固有之也。弗思耳矣。故曰，求则得之，舍则失之，或相倍蓰而无算者，不能尽其材者也。"（《告子》上）

夫曰"可以为善"，即等于说不必定为善也，其可以为善者，仁义礼智之端皆具于内，扩而充之，斯善矣。其不为善者，由于不知扩充本心，外物诱之，遂陷于不义，所谓不能尽其材也。此说以善为内，以恶为外，俨然后世心学一派之说，而与李习之复性之说至近矣。孟子既以人之为善之动机具于内，乃必有良知良能论：

孟子曰："人之所不学而能者，其良能也，所不虑而知者，其良知也。孩提之童，无不知爱其亲也，及其长也，无不知敬其兄也。亲亲，仁也，敬长，义也。无他，达之天下也。"（《尽心》上）

而此良知良能又是尽人所有者，人之生性本无不同也。

孟子曰："富岁子弟多赖，凶岁子弟多暴，非天之降才尔殊也，其所以陷溺其心者然也。今夫麰麦，播种而耰之，其地同，树之时又同，勃然而生，至于日至之时皆熟矣。虽有不同，则地有肥硗，雨露之养，人事之不齐也。

"故凡同类者举相似也，何独至于人而疑之？圣人与我同类者。故龙子曰，'不知足而为屦，我知其不为蒉也。'屦之相似，是天下之足同也。

"故曰，口之于味也，有同耆焉，耳之于声也，有同听焉，目之于色也，有同美焉，于心独无所同然乎？心之所同然者何也？谓理也，义也。……故义理之悦我心，犹刍豢之悦我口。"（《告子》上）

既以为天下之人心同，又以为万物皆备于我。以为万物皆备于我，而孟子之性善论造最高峰矣。

孟子曰："万物皆备于我矣。返身而诚，乐莫大焉。强恕而行，求仁莫近焉。"（《尽心》上）

古无真字，后世所谓真，古人所谓诚也。

至于为恶之端，孟子皆归之于外物：

孟子曰："牛山之木尝美矣，以其郊于大国也，斧斤伐之，可以为美乎？是其日夜之所息，雨露之所润，非无萌蘖之生焉，牛羊又从而牧之，是以若彼濯濯也。人见其濯濯也，以为未尝有材焉，此岂山之性也哉？虽存乎人者，岂无仁义之心哉？其所以放其良心者，亦犹斧斤之于木也。旦旦而伐之，可以为美乎？其日夜之所息，平旦之气，其好恶与人相近也者几希。则其旦昼之所为，有梏亡之矣。梏之反覆，则其夜气不足以存。夜气不足以存，则其违禽兽不远矣。

人见其禽兽也，而以为未尝有才焉者，是岂人之情也哉？故苟得其养，无物不长，苟失其养，无物不消。孔子曰：'操则存，舍则亡，出入无时，莫知其乡。'惟心之谓与！"（《告子》上）

孟子既以善为内，以恶为外，故其教育论在乎养心放心，而不重视力学，其言学问亦仅谓"求其放心而已矣"。此亦性善说之所必至，犹之劝学为性恶论者之所必取也。

孟子之论性如此，自必有尽心之教育说，养生之社会论，民贵之政治论，此三事似不相干，实为一贯。盖有性善之假定，三义方可树立也。不观乎《厄米尔》之作者与《民约论》之作者在欧洲亦为一人乎？

孟子之性命一贯见解

依本书上卷字篇所求索，命字之古本训为天之所令，性字之古本训为天之所生。远古之人，宗教意识超过其他意识，故以天令为谆谆然命之，复以人之生为天实主之，故天命人性二观念，在其演进之初，本属同一范域。虽其后重言宗教者或寡言人性，求摆脱宗教神力者或重言人性，似二事不为一物然，然在不全弃宗教，而又走上全神论自然论之道路之儒家，如不求其思想成一条贯则已，如一求之，必将二事作为一系，此自然之理也。孟子以前书缺不可知，孟子之将二事合为一论者今犹可征也。

孟子曰："口之于味也，目之于色也，耳之于声也，鼻之于臭也，四肢之于安佚也，性也。有命焉，君子不谓性也。

159

　　"仁之于父子也，义之于君臣也，礼之于宾主也，知之于贤者也，圣人之于天道也，命也。有性焉，君子不谓命也。"（《尽心》）

此章明明以性命二字相对相连为言，故自始为说性理者所注意。然赵岐（《孟子注》）、朱子（《孟子章句》《或问》《语类》）、戴震（《孟子字义疏证》第二十八条）、程瑶田（《论学小记》）诸氏所解，虽亦或有精义，究不能使人感觉怡然理顺者，则以诸氏或不解或不注意此处之性字乃生字之本训，一如告子所谓"生之为性"之性（孟子在此一句上，并不驳告子，阮氏已详言之矣），此处之命字乃天令之引申义，一如《左传》所称邾子"知命"之命，故反复不得其解也。此一章之解，程、朱较是，而赵氏、戴震转误。程氏最近，又以不敢信孔孟性说之异，遂昧于宋儒分辩气质义理二性之故。兹疏此章之义如下。

　　孟子之亟言性善，非一人独提性之问题而谓之善，乃世人已侈谈此题，而孟子独谓之善以辟群说也。告子之说，盖亦当时流行性说之一也。其言以为"生之谓性"，孟子只可訾其无着落，不能谓此语之非是，此语固当时约定俗成之字义也（如墨子訾儒之"乐以为乐"，谓之说等于不说则可，谓之非是则不可）。故孟子之言性，亦每为生字之本训，荀子尤甚（参看本书上卷第七、八章）。

　　孟子之言命，字面固为天命，其内含则为义，为则，不尽为命定之训也。其为义者，"孔子进以礼，退以义，得之不得曰有命，而主痈疽与侍人瘠环，是无义无命也"。此虽联义与命言，亦正明其相关为一事也。其为则者，孟子引《诗》，"天生蒸民，有物有则"，而托孔子语以释之曰，"有物必有则"。孟子之物则二解皆非本训（物之本训为大物，今所谓图腾也。则之本训为法宪，今所谓威权也，说别详），然既以为天降物与则，是谓命中有则也，故谓"尽其道而死者，正命也"。

字义既定，今疏此一章曰，口之好美味，目之好好色，耳之乐音声，鼻之恶恶臭，四肢之欲安佚，皆生而具焉者也，告子所谓"食色，性也"。然此亦得之于天者。"天生蒸民，有物有则，民之秉彝，好是懿德"（均从孟子所解之义）。天命固有其正则焉，故君子不徒归口、耳等于生之禀赋中，故不言"食色，性也"。仁者得以恩爱施于父子，义者得以义理施于君臣，好礼者得以礼敬施于宾主，圣者得以智慧明于天道，此固世所谓天命之正则也，然世人之能行此也，亦必由于生而有此禀，否则何所本而行此？"仁、义、礼、智，非由外铄我也，我固有之也"。故君子不取义外之说，不徒言"义自天出"（墨义），而忘其亦自人出也。

故此一章亦是孟子与墨家及告子及他人争论中之要义，而非凭空掉换字而以成玄渺之说。识性命二字之本训，合《孟子》他章而观之，其义至显矣。此处孟子合言性命，而示其一贯，无异乎谓性中有命，命中有性，犹言天道人道一也，内外之辩妄也。（孟子云"尽其心者，知其性也，知其性则知天矣。存其心，养其性，所以事天也。夭寿不贰，修身以俟之，所以立命也。"亦言天道人道为一物一事之义者。口之于味一章既识其义，此章可不解而明矣。）西汉博士所著之《中庸》云，"天命之谓性"，盖孟子后儒家合言天人者已多，而西京儒学于此为盛焉。

古宗教立天以制人，墨子之进步的宗教，则将人所谓义者归之于天，再称天以制人。孟子之全神论的、半自然论的人本主义，复以人道解天道，而谓其为一物一则一体，儒家之思想进至此一步，人本之论成矣。

附论赵岐注

赵岐解此章，阮芸台盛称之，然赵氏释命字作命定之义，遂全不可通。赵云：

> ……此（口耳等）皆人性之所欲也。得居此乐者，有命禄，人不能皆如其愿也。凡人则触情从欲而求可乐，君子之道则以仁义为先，礼节为制，不以性欲而苟求之也。故君子不谓之性也。

> ……此（仁义等）皆命禄，遭遇乃得居而行之，不遇者不得施行。然亦才性有之，故可用也（按：此语不误）。凡人则归之命禄，任天而已，不复治性，以君子之道，则修仁、行义、修礼、学知，庶几圣人，亹亹不倦，不但坐而听命。故曰君子不谓命也。

> （章指）尊德乐道，不任佚性。治性勤礼，不专委命。君子所能，小人所病。

此真汉儒之陋说，于孟子所用性命二字全昧其义。至以性为"性欲"，且曰"治性"，"佚性"，岂孟子道性善者之义乎？汉儒纯以其时代的陋解解古籍，其性论之本全在性善情恶之二元论（详下卷）。而阮氏以为古训如此，门户之见存也。

第九章　荀子之性恶论及其天道观

以荀卿、韩非之言为证，孟子之言，彼时盖盈天下矣。荀子起于诸儒间，争儒氏正统，在战国风尚中，非有新义不足以上说下教，自易于务反孟子之论，以立其说。若返之于孔子之旧谊，尽弃孟氏之新说，在理为直截之路，然荀子去孔子数百年，时代之变已大，有不可以尽返者。且荀卿赵人，诸儒名家，自子游而外，大略为邹鲁之士，其为齐卫人者不多见，若三晋，则自昔有其独立之学风（魏在三晋中，较能接受东方学风），乃法家之宗邦，而非儒术之灵土。荀卿生长于是邦，曾西游秦，南仕楚，皆非儒术炽盛之地，其游学于齐，年已五十，虽其响慕儒学必有直接或间接之邹鲁师承，而其早岁环境之影响终不能无所显露。今观荀子陈义，其最引人注意者为援法入儒。荀氏以隆礼为立身施政之第一要义，彼所谓礼实包括法家所谓法（《修身篇》："礼者，法之大分，类之纪纲也。"如此界说礼字，在儒家全为新说）。彼所取术亦综核名实，其道肃然，欲一天下于一政权一思想也。其弟子有韩非李斯之伦者，是应然，非偶然。今知荀子之学，一面直返于孔子之旧，一面援法而入以成儒家之新，则于荀子之天人论，可观其窍妙矣。荀子以性恶论著闻，昔人以不解荀子所谓"人性恶，其为善者伪也"之字义，遂多所误会。

关于"伪"字者，清代汉学家已矫正杨注之失，郝懿行以为即是为字，其说无以易矣，而《性恶》《天论》两篇中之性字应是生字，前人尚无言之者，故荀子所以对言性伪之故犹不显，其语意犹未澈也。今将两篇中之性字一齐作生字读，则义理顺而显矣。（参看上卷第八章）

荀子以为人之生也本恶，其能为善者，人为之功也，从人生来所禀赋，则为恶，法圣王之制作以矫揉生质，则为善。其言曰：（文中一切性字皆应读如生字，一切伪字皆应读如为字，荀子原本必如此。）

人之性（生）恶，其善者伪（为）也。今人之性（生），生而有好利焉，顺是，故争夺生而辞让亡焉。生而有疾恶焉，顺是，故残贼生而忠信亡焉。生而有耳目之欲，好声色焉（好上原衍"生"字，据王先谦说删），顺是，故淫乱生而礼义文理亡焉。然则从人之性（生），顺人之情，必出于争夺，合于犯分乱理而归于暴。故必将有师法之化，礼义之道，然后出于辞让，合于文理而归于治。用此观之，然则人之性（生）恶明矣，其善者伪（为）也。故枸木必将待隐括烝矫然后直，钝金必将待砻厉然后利。今人之性（生）恶，必将待师法然后正，得礼义然后治。

孟子曰："人之学者其性（生）善。"曰：是不然，是不及知人之性（生），而不察乎人之性（生）伪（为）之分者也。凡性（生）者，天之就也，不可学，不可事。礼义者，圣人之所生也，人之所学而能，所事而成者也。不可学，不可事，而在人者，谓之性（生）；可学而能，可事而成之在人者，谓之伪（为）；是性（生）伪（为）之分也。……问者曰："人之性（生）恶，则礼义恶生？"应之曰：

凡礼义者，是生于圣人之伪（为），非故生于人之性（生）也。故陶人埏埴而为器，然则器生于工人之伪（为），非故生于陶（据王念孙说补"陶"字）人之性（生）也。故工人斫木而成器，然则器生于工人之伪（为），非故生于工（据王念孙说补"工"字）人之性（生）也。圣人积思虑，习伪（为）故，以生礼义，而起法度，然则礼义法度者，是生于圣人之伪（为），非故生于人之性（生）也。若夫目好色，耳好声，口好味，心好利，骨体理肤好愉佚，是皆生于人之情性（生）者也，感而自然，不待事而后生之者也。夫感而不能然，必且待事而后然者，谓之（之下"生于"二字据王说删）伪（为）。是性（生）伪（为）之所生，其不同之征也。故圣人化性（生）而起伪（为）。伪（为）起而生礼义，礼义生而制法度。然则礼义法度者，是圣人之所生也。故圣人之所以同于众，其不异于众者，性（生）也，所以异而过众者，伪（为）也。……凡人之欲为善者为性（生）恶也。……故性（生）善则去圣王，息礼义矣，性（生）恶，则与圣王，贵礼义矣。故隐栝之生，为枸木也，绳墨之起，为不直也，立君上，明礼义，为性（生）恶也。……（《性恶篇》篇中若干性字尽读为生字，固似勉强，然若一律作名词看，则无不可矣。说详上卷）

既知《荀子》书中之性字本写作生字，其伪字本写作为字，则其性恶论所发挥者，义显而理充。如荀子之说，人之生也其本质为恶，故必待人工始可就于礼义，如以为人之生也善，则可不待人工而自善，犹之乎木不待矫揉而自直，不需乎圣王之制礼义，不取乎学问以修身也，固无是理也。无是理，则生来本恶明矣。彼以"生""为"为对待，以恶归之天生，以善归之人为。若以后代语言达其意，则

165

荀子盖以为人之所以为善者，人工之力，历代圣人之积累，以学问得之，以力行致之，若从其本生之自然，则但可趋于恶而不能趋于善也。此义有其实理，在西方若干宗教若干哲学有与此近似之大假定。近代论人之学，或分自然与文化为二个范畴（此为德国之习用名词），其以文化为扩充自然者，近于放性主义，其以文化为克服自然者，近于制性主义也。

孟子曰："乃若其情，则可以为善矣，若夫为不善，非才之罪也。"如反其词以质孟子曰："乃若其情，则可以为恶矣，若夫不为恶，非才之功也。"孟子将何以答之乎？夫曰"可以"，则等于说"非定"，谓"定"则事实无证，谓"非定"，则性善之论自摇矣。此等语气，皆孟子之逻辑工夫远不如荀子处。孟子之词，放而无律，今若为卢前王后之班，则孟子之词，宜在淳于髡之上，荀卿之下也。

其实荀子之说，今日观之亦有其过度处。设若诘荀子云，人之生质中若无为善之可能，则虽有充分之人工又焉能为善？木固待矫揉然后可以为直，金固待冶者然后可以为兵，然而木固有其可以矫揉以成直之性，金固有其可以冶锻以成利器之性，木虽矫揉不能成利器，金虽有良冶不能成珠玉也。夫以为性善，是忘其可以为恶，以为性恶，是忘其可以为善矣。吾不知荀子如何答此难也。荀子之致此缺陷，亦有其故，荀子掊击之对象，孟子之性善说，非性无善无不善之说也。设如荀子与道家辩论，或变其战争之焦点，而稍修改其词，亦未可知也。此亦论生于反之例也。（《礼论篇》云："性者本始材朴也，伪者文理隆盛也。无性则伪之无所加，无伪则性不能自美。……性伪合而天下治。"已与性恶论微不同。）自今日论之，生质者，自然界之事实，善恶者，人伦中之取舍也。自然在先，人伦在后，今以人之伦义倒名自然事实，是以后事定前事矣。人为人之需要而别善恶，天不为人之需要而生人，故善恶非所以名生质者也。且善恶因时因地因等因人而变，人性之变则非如此之速而无定也。虽然，自自然人变为文化人，需要累世之积业，无限之努力，多方之影响，故放心之事少，克己之端多，以大体言，荀说自近于实在，今人固不当泥执当时之词名而忽其大义也。

有荀子之性恶论，自必有荀子之劝学说。性善则"求其放心"，斯为学问之全道，性恶则非有外工克服一身之自然趋势不可也。孟荀二氏之性论为极端相反者，其修身论遂亦极端相反，其学问之对象遂亦极端相反。此皆系统哲学家所必然，不然，则为自身矛盾矣。

寻荀子之教育说，皆在用外功克服生质，其书即以劝学为首（此虽后人编定，亦缘后人知荀学之首重在此）。

此《劝学》之一篇在荀书中最有严整组织，首尾历陈四义。其一义曰，善假于物而慎其所立：

干越夷貉之子，生而同声，长而异俗，教使之然也……吾尝终日而思矣，不如须臾之所学也（此述孔子语）。吾尝跂而望矣，不如登高之博见也。登高而招，臂非加长也，而见者远；顺风而呼，声非加疾也，而闻者彰。假舆马者，非利足也，而致千里；假舟楫者，非能水也，而绝江河。君子生非异也，善假于物也。（《性恶篇》云："尧舜之与桀跖，其性一也，君子之与小人，其性一也。"）……西方有木焉，名曰射干，茎长四寸，生于高山之上，而临百仞之渊，木茎非能长也，所立者然也。……故君子居必择乡（《论语》："里仁为美。"），游必就士（此亦孔子损友益友之说），所以防邪僻而近中正也。……平地若一，水就湿也，草木畴生，禽兽群焉，物各从其类也。……君子慎其所立乎？

此言必凭借往事之成绩，方可后来居上，必立身于良好之环境，方可就善远恶。其二义曰，用心必专一，此言治学之方也。

锲而舍之，朽木不折；锲而不舍，金石可镂。螾无爪牙之利，筋骨之强，上食埃土，下饮黄泉，用心一也；蟹六跪而二螯，非蛇蟺之穴无可寄托者，用心躁也。是故无冥冥之志者，无昭昭之明；无惛惛之道者，无赫赫之功。……目不能两视而明，耳不能两听而聪。……故君子结于一也。

其三义曰隆礼，此言治学之对象也。

学恶乎始？恶乎终？曰：其数则始乎诵经，终乎读礼，其义则始乎为士，终乎为圣人。真积力久则入学，至乎没而后止也。……礼者，法之大分，类之纲纪也，学至乎礼而止矣。……将原先王，本仁义，则礼正其经纬蹊径也。……不道（王念孙曰："道者由也。"）礼宪，以诗书为之，譬之犹以指测河也，以戈春黍也，以锥飱壶也，不可以得之矣。故隆礼虽未明，法士也，不隆礼虽察辩，散儒也。

其四义曰贵全，贵全者，谓不为一曲之儒，且必一贯以求其无矛盾，此言所以示大儒之标准也。

君子知夫不全不粹之不足以为美也，故诵数以贯之，思索以通之，为其人以处之，除其害者以持养之。使目非是无欲见也，使耳非是无欲闻也，使口非是无欲言也，使心非是无欲虑也。……是故权利不能倾也，群众不能移也，天下不能荡也。生由乎是，死由乎是，夫是之谓德操。德操然后能定，能定然后能应，能定能应，夫是之谓成人。天见其明，地见其光，君子贵其全也。

此虽仅示大儒之标准，其词义乃为约律主义所充满，足征荀子之教育论，乃全为外物主义，绝不取内心论者任何一端以为说。

荀子既言学不可以已，非外功不足以成善人，此与尽心率性之说已极相反，至于所学之对象，孟子以为求其放心，荀子则以为隆礼，亦极端相反。荀子所谓礼者兼括当时人所谓法（《修身》篇曰："故学也者，礼法也。"又曰："故非礼是无法也。"），凡先圣之遗训，后王之明教，人事之条理，事节之平正，皆荀子所谓礼也（参见《修身》《正名》《礼论》各篇）。故荀子之学礼，外学而非内也，节目之学而非笼统之义也。孟子"反身而观，乐莫大焉"，荀子乃逐物而一一求其情理平直，成为一贯，以为学问之资（在此义上，程、朱之格物说与荀子为近）。至其论学问之用于身也，无处不见约律主义，无处不是"克己复礼"之气象，与孟子诚如冰炭矣。

荀子之论学，虽与孟子相违，然并非超脱于儒家之外，而实为孔子之正传，盖孟子别走新路，荀子又返其本源也（参见本书下卷）。自孔子"克己复礼"之说引申之到极端，必有以性伪分善恶之论。自"非生而知之，好古敏以求之"之说发挥之，其义将如《劝学》之篇。颜渊曰，"夫子博我以文，约我以礼"，此固荀子言学之方也（参见《劝学》《修身》等篇）。若夫"非礼勿视，非礼勿听，非礼勿言，非礼勿动"，以及好仁不好学其蔽也愚，好知不好学其蔽也荡等语，皆是荀学之根本。孟子尊孔子为集大成，然引其说者盖鲜，其义尤多不相干，若荀子，则为《论语》注脚者多篇矣。虽荀子严肃庄厉之气象非如孔子之和易，其立说之本质则一系相承者颇多耳。

言学言教，孔荀所同，言性则孔荀表面上颇似不类。若考其实在，二者有不相干，无相违也。孔子以为性相近，而习相远，此亦荀子所具言也。孔子别上智下愚，中人而上，中人而下，此非谓生质有善恶也，言其材有差别也。盖孔子时尚无性善性不善之问题，孔子之学论固重人事工夫，其设教之本仍立天道之范畴，以义归之于天，斯无需乎以善归之于性，故孔子时当无此一争端也。迨宗教之义既衰，学者乃舍天道而争人性，不得不为义之为物言其本源，不能不为善之为体标其所出，于是乃有性善性恶之争。言性善则孟子以义以善归于人之生质，言性恶则荀子以义以善归之先王后圣之明表。孔子时既无此题，其立说亦无设此题之需要。故孔荀在此一事上是不相干而不可谓相违也。若其克己复礼之说，极度引申可到性恶论，则亦甚有联系矣。

荀子之天道观

荀子之性论，舍孟子之新路而返孔子之旧域，已如上文所述，其天道论则直向新径，不守孔丘孟轲之故步，盖启战国诸子中积极人生观者最新派之天道论，已走尽全神论之道路，直入于无神论矣。请证吾说。早年儒家者，于天道半信半疑者也，已入纯伦理学之异域，犹不肯舍其宗教外壳者也。孔于信天较笃，其论事则不脱人间之世，盖其心中之天道已渐如后世所谓"象"者，非谆谆然之天命也。孟子更罕言天，然其决意扫尽一切功用主义，舍利害生死之系念，一以是非为正而毫无犹疑，尤见其宗教的涵养，彼或不自知，而事实如此。自孟子至于荀子，中经半世纪，其时适为各派方术家备极发展之世。儒家之外，如老子、庄周，后世强合为一，称之曰道家者，其天道论之发展乃在自然论之道路上疾行剧趋。老子宗天曰自然，庄子更归天于茫茫冥冥。荀子后起，不免感之而变，激之而厉，于是荀子之天道论大异于早年儒家矣。其言曰：

> 天行有常，不为尧存，不为桀亡。应之以治则吉，应之以乱则凶。强本而节用，则天不能贫；养备而动时，则天不能病；循道而不二，则天不能祸。故水旱不能使之饥渴，寒暑不能使之疾，妖怪不能使之凶。本荒而用侈，则天不能使之富；养略而动罕，则天不能使之全；倍道而妄行，则天不能使之吉。……惟圣人为不求知天。……
>
> 故君子敬其在己者而不慕其在天者，小人错其在己者而慕其在天者。君子敬其在己者而不慕其在天者，是以日进也。小人错其在己者而慕其在天者，是以日退也。……
>
> 雩而雨，何也？曰：无何也，犹不雩而雨也。日月食而救之，天旱而雩，卜筮然后决大事，非以为得求也，以文之也。故君子以为文，而百姓以为神。以为文则吉，以为神则凶也。……
>
> 大天而思之，孰与物蓄而裁之？从天而颂之，孰与制天命而用之？望时而待之，孰与应时而使之？（《天论》）

读此论，使人觉荀子心中所信当是无神论，夫老子犹曰"天道好还""天道无亲，常与善人"，此所言比之老子更为贬损天道矣。

虽然，荀子固儒家之后劲，以法孔子自命，若于天道一字不提，口号殊有不便，于是尽去其实而犹存其名，以为天与人分职，复立天情、天君、天官、天养、天政等名词。此所谓天，皆自然现象也。

荀子竟以自然界事实为天，天之为天者乃一扫而空矣。

《荀子·天道论》立说既如此，斯遭遇甚大之困难。夫荀子者，犹是积极道德论中人，在庄子"舍是与非"，固可乐其冥冥之天，在荀子则既将天之威灵一笔勾销矣，所谓礼义者又何所出乎？凡积极道德论者，不能不为善之一谊定其所自，墨子以为善自天出，孟子以为善自人之生质出，荀子既堕天而恶性，何以为善立其大本乎？

于是荀子立先王之遗训，圣人之典型，以为善之大本，其教育法即是学圣人以克服己躬之恶。如以近代词调形容之，荀子盖以为人类之所以自草昧而进于开明，自恶而进于善者，乃历代圣人之合力，古今明王之积功，德义之成，纯由人事之层累。故遗训自尧舜，典型在后圣，后圣行迹具存，其仪范粲然明白而不诬也。（耶稣教亦性恶论者之一种，其称道"先天孽"，是性恶论之极致。然耶教信天帝，归善于天帝，故无荀子所遭逢之困难也。）

第十章　本卷结语

以上九章，具述先秦儒家性命说之来源、演成及变化，而墨家之天道观以类附焉。此一线外，犹有阴阳一派，老庄一流，今不详说者，以其与古儒家虽有关系，终非一物，非本书范围所应具也。（参看本书叙语。）

先秦儒家较纯一，荀子虽援法家精义以入儒术，其本体仍是儒术，非杂学也。孟子虽为儒术中之心学，亦非杂学也。荀子訾孟子以造作五行之说，然《孟子》书中虽有天运之说，（如其"一治一乱"及"五百年必有王者兴"诸语），终与五行论相去差远。《孟子》书辞遗传至今日者，在战国诸子中最为完纯无伪托，如造作五行，不容无所流露，然则五行是阴阳家托名子思、孟轲者耳。纵使孟子有世运之论，究非五德终结之说，五德论始于孟子后，太史公明言为邹衍一流人所创作也。

自阴阳家、儒家相混而有《易·系词》，易学非儒家所固有也。今本《论语》有"五十以学易，可以无大过矣"之语，乃所谓古文[①]将鲁论之亦字改作易字而变其句读者，文理遂不可通。（见《经典释

---

① 编者注：此处"古文"指孔壁故经。

文·论语篇》，此一改字，盖据太史公语而发，《史记·孔子世家》："孔子晚而喜《易》，韦编三绝，曰，假我数年，若是我于《易》则彬彬矣。"然若史迁所见之《论语》作易字，何遽不引，转作此摹仿语耶？又《儒林传》所记易家传授年代地理皆不可通，盖田何伪造也。）孟子绝无一语及《易》，荀子偶道之，亦缘荀子博学多方，然所引既无关弘旨，而卜筮又荀子所弃斥，斯可不论也。吾疑儒与阴阳之混合，始于阴阳而非始于儒，儒家本自迷信天道中步步解放出来，其立学之动机先与阴阳家根本违异，不容先离后合也。阴阳家之援儒而入，于史有证。《始皇本纪》记坑儒士，所坑乃阴阳神仙之士，而谓之坑儒，太子扶苏曰，诸生皆诵法孔子。据此可知战国末阴阳杂说之士以儒者自称也。自秦燔六经，卜筮不禁，儒者或亦不得已而杂入于阴阳。汉兴，儒术弛禁，而阴阳之感化已深。世或有不杂儒学之阴阳家，乃鲜有不杂阴阳之儒学，此类杂儒学亦著书立说，其成就者第一为《易·系》，第二为《中庸》(《中庸》一篇，自"子曰中庸之为德"，至"父母其顺矣乎"，当为先秦遗文，其"天命之为性"一段导语，及下篇大言炎炎之词，皆西京之作也。至于《大学》，虽成书或在汉武帝时，实祖述孟子一派者。以上各说，皆详余十年前致顾颉刚书中，见《中山大学语言历史学周刊》)，其含义多非先秦儒家所固有。故汉武名为罢黜百家，实则定于阴阳家之一尊。西汉学人自贾谊以来，亦无一不是杂家也。于是自迷信中奋斗而出之儒道两派天道观，急遽退化，再沦于一般民众之信仰中，人固有其司命之神而朝代兴亡亦有符命天数。故西汉之儒学实为阴阳化之儒学，其天道论多为民间信仰传自远古未经古儒家之净化者。清代汉学家知周邵《易》说之不古，缘何不明汉代易学之非儒耶？（孙星衍之说性命，即用此等汉儒杂说。）

　　道家一名，亦汉代所立，循名责实，老子之学盖有不同之三期。其一曰关老，《庄子·天下篇》所述，盖老学之本体，道德之正宗，与庄周非一物者也。其二曰黄老，周末汉初权谋之士所宗奉。用世之学，君相南面之术也。其教则每忘五千文之积极方面（如"天道好还""佳兵不祥"等），力求发挥其消极方面（如"欲取姑与""守如处女"等），此以老子释黄帝也。（道与法本不相通，老子云"太上不知有之，其次亲而誉之，其次畏之"，此岂韩非之旨耶。然在汉世则两派连合矣。）其三曰庄老，尽舍五千文中用世之义，而为看破一切、与时俯仰之人生观也。此以老子释庄周，魏晋之风习也（干宝《晋纪·总论》"学者以庄老为宗"，明庄在老前）。五千言中之天道观，徘徊于仁不仁善不善之间，虽任自然，亦并不抹杀德义，惟以世儒为泥守不达耳（"上德不德，是以有德，下德不失德，是以无德"，是犹以有德为祈向耳）。庄子则逍遥于德义之外，为极端之自然论，二者之天道说，亦大有不同处也。

　　西汉杂儒学与晚周儒学之天人论不同，而"性、命古训"应以早年儒学为域，故本篇所论止于荀卿，荀卿而后，政治挟学术以变矣。（凡先秦诸子，立说皆有问题，出辞多具对象，非文人铺排之文，而是思想家辩证之文也。西汉则反是，磅礴其词，立意恍惚，不自觉其矛盾。自董仲舒以下，每有此现象，故其天人论虽言之谆谆，而听之者当觉其谬乱不一贯耳。）

下卷 ｜ 释绪

第一章　汉代性之二元说

先汉儒家之言性命也，皆分别言之：命谓天道，天道谓吉凶祸福也〔钱竹汀曰："经典言天道者，皆以吉凶祸福言。"（《潜研堂文集》卷九）此言其初义狭义〕。性（无此一独立之性字，后人分生写之。说见上卷）谓人禀，人禀谓善恶材质也。孟子虽言其相联，言其合，未遽以为一名词也。以性命为一词而表一事者，始见于汉儒之书。《乐记》云：

> 方以类聚，物以群分，则性命不同矣。

如言品物之生，所禀各有别，言材质而非言祸福也，言性（生）而非言命也。在先秦以一字表之，或曰性（生）、或曰材（才）、或曰情者，此处以"性命"二字表之，其实一也。《中庸》亦云（《中庸》之时代，说见前）：

> 天命之谓性，率性之谓道，修道之谓教。

"天命之谓性"者，谓人所禀赋乃受之于天，此以天命释性，明著其为一事，此解近于古训，古训"性"即"生"也，然亦有违于古训处，此所谓命非谓吉凶祸福也。"率性之谓道"者，率，循也，遵也（经典古注多用此训），言遵性而行者谓之道，此解差近于孟氏。"修道之谓教"者，修，治也（《中庸》郑注），夫言道之待治，治之在教，则又近于荀子矣。孔子所谓中庸者，取乎两端之中也；汉儒所谓中庸者，执两端而熔于一炉，强谓之为中和也。汉儒好制作系统，合不相干甚且相反者以为一贯，此其一例也。

汉人吉凶祸福之天道说虽为宗教思想史上一大问题，然与后来性命之学差少相干。后来所谓性命者，乃但谓性之一义，其中虽间联以不涉吉凶祸福之天体论，然主旨与其谓是论天，不如谓是论人。本卷拟为宋学探其原，故不论汉儒之言天道（此为整理纬学中事，盖汉人之天道说，乃以阴阳家言为主者也），姑以讨论性说为限焉。

汉儒性说之特点为其善恶二元论，此义今可征者，最早之书有《春秋繁露》。（按《淮南子》一书中，所言性情皆是道家任自然之论，此二元论之性说尚不可见。其语性则曰"全性""率性""便性""返性""通性""守性""存性""乐性"等，且曰"太上曰我其性与"，复比性于斗极。其语情则曰"适情"而已，未尝以恶归之。此所谓情与《孟子》书中所谓情一也。故今以《春秋繁露》为具此说之最早者。）《深察名号篇》云：

> 今世暗于性，言之者不同，胡不试反性之名？性之名非生与？如其生之自然之资谓之性，性者质也。诘性之质于善之名，能中之与？既不能中矣，而尚谓之质善，何哉？……桎众恶于内，弗使得发于外者，心也，故心之为名，桎也。人之受气苟无恶者，心何桎哉？吾以心之名得人之诚。人之诚有贪有仁，仁贪之气两在于身。

身之名取诸天，天两，有阴阳之施；身亦两，有贪仁之性。天有阴阳禁，身有情欲栀，与天道一也。……

必知天性不乘于教，终不能栀（苏舆以荀子解此义，是也）。察实以为名，无教之时性何遽若是？故性比于禾，善比于米。米出禾中，而禾未可全为米也。善出性中，而性未可全为善也。善与米，人之所继天而成于外，非在天所为之内也。天之所为有所至而止，止之内谓之天性，止之外谓之人事。事在性外，而性不得不成德。

民之号取之瞑也，使性而已善，则何故以瞑为号？以賈者言，弗扶将则颠陷猖狂，安能善？性有似目。目卧幽而瞑，待觉而后见。当其未觉，可谓有见质而不可谓见。今万民之性，有其质而未能觉，譬如瞑者待觉教之然后善，当其未觉，可谓有善质而不可谓善，与目之瞑而觉一概之比也（此是修正荀子义）。静心徐察之，其言可见矣。性而瞑之未觉，天所为也。效天所为为之起号，故谓之民，民之为言固犹瞑也。随其名号以入其理则得之矣。是正名号者于天地。天地之所生谓之性情，性情相与为一瞑，情亦性也。谓性已善，奈其情何？故圣人莫谓性善。累其名也，身之有性情也，若天之有阴阳也。言人之质而无其情，犹言天之阳而无其阴也。……

天生民性有善质而未能善。于是为之立王以善之。此天意也。民受未能善之性于天，而退受成性之教于王，王承天意以成民之性为任者也（董子以为王承天，人兼爱，亦受墨学影响者也）。……今万民之性待外教然后能善，善当与教不当与性。与性则多累而不精，自成功而无贤圣。（此全是荀义。《实性篇》词义大同，不具引。）

董子此论有两事可注意，其一为探字原以明义训，于是差若返于告子之说。然用此法以为史的研究则可，以为义之当然则不可。文字孳乳而变，思想引伸而长，后起之说，不得以古训诂灭之。深察名号者，可以为语言历史之学，不足以立内圣外王之论。性善性恶之说皆有其所故，不寻其故而执字训以抹杀哲人之论，董子之蔽也。其第二事大体取自荀义，而反复以驳孟子（驳孟子文未引）。然孟子之言性善，为善立其本也，今不为善立本，而言性未即善。若董子之立点为超于善恶也，则足以自完其说矣，若犹未超于善恶，而以善为祈向，则董子虽立阴阳、善恶之二本，乃实无本矣。于是在彼之善之必然论中又援他义以入。《玉杯篇》云：

> 人受命于天，有善善恶恶之性，可养而不可改，可豫而不可去，若形体之可肥，而不可得革也。

此则颇邻于孟子，甚远于荀义矣。夫孟、荀二氏之极端主张，其是非姑不论，其系统则皆为逻辑的、坚固的。孟子以为善自性出，其教在于扩内；荀子以为善自圣人出，其教在于治外。孟子以为恶在外，荀子以为恶在内。今董子虽大体从荀，然又不专于荀，盖荀氏犹是儒家之正传，董子则以阴阳家之二元说为其天道论，将善恶皆本于天也。（两汉儒学义之不关阴阳者，多出自荀子，少出自孟子。即如《礼运》云："何谓人情？喜、怒、哀、乐、爱、恶、欲七者，弗学而能。何谓人义？父慈、子孝、兄良、弟弟、夫义、妇听、长惠、幼顺、君仁、臣忠，十者谓之义。讲信修睦，谓之人利。争夺相杀，谓之人患。故圣人所以治七情，修十义，讲信修睦，尚辞让，去争夺，舍礼何以治之？"此亦荀子义也。）

董子之阴阳善恶二元论，上文所引足以明之，夫曰："人亦两，有贪仁之性。"谓性中兼具善恶也。曰："天两，有阴阳之施。"谓天道兼具两相反义也。谓人之必象天，则董子一切立论之本也。谓天人一贯，人有善恶犹天之有阴阳，则此篇中固明言其"与天道一也"。

汉代性二元说之流行，参看后于董子之文籍乃大明。许慎《说文》曰：

性，人之阳气，性善者也（按"性善"之性字，当为生字，谓人之阳气所以出善者也。传写既误，而段氏欲于性下断句，"阳气性"殊不解）；情，人之阴气有欲者。

郑玄《毛诗笺》云：

天之生众民，其性有物象，谓五行仁义礼知信也。其情有所法，谓喜怒哀乐好恶也。（《烝民笺》）

《白虎通德论·情性》篇云：

情性者，何谓也？性者阳之施，情者阴之化也。人禀阴阳气而生，故内怀五性六情。情者静也，性者生也，此人所禀六气以生者也。

故《钩命决》曰："情生于阴，欲以时念也。性生于阳，以就理也。阳气者仁，阴气者贪，故情有利欲，性有仁也。"

五性者何谓？仁义礼智信也。……六情者何谓也？喜怒哀乐爱恶谓六情，所以扶成五性。性所以五，情所以六何？本含六律五行之气而生，故内有五脏六腑，此性情之所由出入也。乐动声仪曰："官有六府，人有五脏。"

以上经师之说也，再看《纬书》。《纬书》在东汉与经师之说相互为证者也。

《孝经·援神契》云：

情者魂之使，性者魄之主。情生于阴以计念，性生于阳以理契。（《御览·妖异部》二引。《〈诗·烝民〉正义》引作"性生于阳以理执，情生于阴以系念"。又《孝经·钩命决》所云与此大同，已见引《白虎通》一节中。）性者，生之质，命者，人所禀受也。情者，阴之数，精内附着生流通也。（《〈诗·烝民〉正义》引）

进而检讨鸿儒之论。王充《论衡》云（《论衡》"率性篇""初禀篇""本性篇"，皆论性道，多属陈言，辞亦拙劣，今但引其有承前启后之用者）：

周人世硕以为人性有善有恶，举人之善性养而致之，则善长。性恶养而致之，则恶长，如此则性各有阴阳善恶，在所养焉。故世子作《养书》一篇。（世硕《书佚》）

宓子贱、漆雕开、公孙尼子之徒亦论情性，与世子相出入，皆言性有善有恶。（《书佚》）

孟子作性善之篇，以为人性皆善，及其不善，物乱之也。谓人生于天地，皆禀善性，长大与物交接者，放纵悖乱，不善日以生矣。……

告子与孟子同时，其论性无善恶之分，譬之湍水，决之东则东，决之西则西。夫水无分于东西，犹人无分于善恶也。……

孙卿有反孟子，作《性恶》之篇，以为人性恶，其善者伪也。

性恶者，以为人生皆得恶性也；伪者，长大之后勉使为善者也。……刘子政非之曰："如此，则天无气也，阴阳善恶不相当，则人之为善安从生。"

陆贾曰："天地生人也以礼义之性，人能察己所以受命则顺，顺之谓道。"（《书佚》）

董仲舒览孙孟之书，作情性之说，曰："天之大经，一阴一阳。人之大经，一情一性。性生于阳，情生于阴。阴气鄙，阳气仁。曰性善者，是见其阳也；谓恶者，是见其阴也。……"（今存《繁露》诸篇中无此语）

刘子政曰："性，生而然者也，在于身而不发。情，接于物而然者也，出形于外。形外则谓之阳，不发者则谓之阴。……"（原书不可考）

自孟子以下，至刘子政，鸿儒博生闻见多矣。然而论情性竟无定是，惟世硕儒、公孙尼子之徒颇得其正。……实者，人性有善有恶，犹人才有高有下也。高不可下，下不可高，谓性无善恶，是谓人才无高下也。禀性受命，同一实也。命有贵贱，性有善恶，谓性无善恶，是谓人命无贵贱也。九州田土之性，善恶不均，故有黄赤黑之别，上中下之差。水潦不同，故有清浊之流，东西南北之趋。人禀天地之性，怀五常之气，或仁或义，性术乖也。动作趋翔，或重或轻，性识诡也。面色或白或黑，身形或长或短，至老极死不可变易，天性然也。余因以孟轲言人性善者，中人以上者也；孙卿言人性恶者，中人以下者也；扬雄言人性善恶混者，中人也。若反经合道，则可以为教，尽性之理则未也。

荀悦《申鉴》云：

或问天命人事。曰："有三品焉，上下不移，其中则人事存焉尔。命相近也，事相远也，则吉凶殊矣。故曰，穷理尽性以至于命。"（此以三品说命，取孔子说性者以说命也。）

孟子称性善。荀卿称性恶。公孙子曰"性无善恶"（见《孟子》）。扬雄曰："人之性善恶浑。"（《法言·修身》篇云："人之性也善恶混，修其善则为善人，修其恶则为恶人。气也者，所以适善恶之焉也欤？"）刘向曰："性情相应，性不独善，情不独恶。"（说无考）

曰："问其理。"曰："性善则无四凶，性恶则无三仁。人（应作性）无善恶，文王之教一也，则无周公管蔡。性善情恶，是桀纣无性而尧舜无情也。性善恶皆浑，是上智怀惠，而下愚挟善也，理也未究矣。惟向言为然。"或曰："仁义，性也；好恶，情也，仁义常善而好恶或有恶。故有情恶也。"曰："不然。好恶者，性之取舍也。实见于外，故谓之情耳，必本乎性矣。仁义者，善之诚者也，何嫌其常善？好恶者，善恶未有所分也，何怪其有恶？凡言神者，莫近于气。有气斯有形，有神斯有好恶喜怒之情矣。故人有情，由气之有形也。气有白黑，神有善恶；形与白黑偕，情与善恶偕。故气黑非形之咎，情恶非情之罪也。

……有人于此，嗜酒嗜肉，肉胜则食焉，酒胜则饮焉。此二者相与争，胜者行矣。非情欲得酒、性欲得肉也。有人于此，好利好义，义胜则义取焉，利胜则利取焉。此二者相与争，胜者行矣，非情欲得利、性欲得义也。其可兼取者则兼取之，其不可兼者，则只取重焉。若苟只好而已，虽（疑是难字）可兼取矣。若二好钧平，无分轻重，则一俯一仰，乍进乍退。（按：此解所以辩性情善恶二元说之不当，最为精辟）。

……昆虫草木皆有性焉，不尽善也。天地圣人皆称情焉，不主恶也。……"

或曰："善恶皆性也，则法教何施？"曰："性虽善，待教而成；性虽恶，待法而消。唯上智下愚不移。其次善恶交争，于是教扶其善，法抑其恶。得施之九品，从教者半，畏刑者四分之三，其不移大数九分之一也。一分之中又有微移者矣。然则法教之于化民也，几尽之矣。及法教之失也，其为乱亦如之。"

或曰："法教得则诒，法教失则乱，若无得无失，纵民之情，则治乱其中乎？"曰："凡阳性升，阴性降，升难而降易。善，阳也；恶，阴也，故善难而恶易，纵民之情使自由之，则降于下者多矣。"（此驳道家）

相干之资料既已排比，则汉儒性说之分野粲然明白。分性情为二元，以善归之于性，以恶归之于情，简言之虽可以性包情，故亦谓性有善恶犹天之有阴阳，析言之则性情为二事，一为善之本，一为恶所出者，乃是西汉一贯之大宗，经师累世所奉承，世俗所公认，《纬书》所发扬，可称为汉代性论之正宗说者也。此说始于何人，今不可确知，然既以二元为论，似当在荀卿反孟之后；秦代挟策为禁，宜非秦代所能作；董子反覆言之，若其发明之义，或竟为董子所创，亦未可知；不然，则汉初阴阳家之所为。是说至汉末犹为经师所遵守者，有许叔重、郑康成为证。是说与《纬书》相应者，纬学乃阴阳家后学假托儒术者，两汉经师皆深化于阴阳家，而东汉之纬学尤极一时之盛，故群儒议定五经同异于《白虎观》，采其说为性论之通义焉。今揭此说之源，并明其在两汉之地位者，缘此说之影响甚大，与宋儒之造为气质之性者，亦不无关系也。

此说虽磅礴一世者四百年，成为汉家一代之学。通人硕儒稽古籍而考事情，则亦不能无疑，故刘向之"性情相应说"，扬雄之"善恶混说"，王充之"三品说"，荀悦之"性情相应兼三品说"，皆对此正统说施其批评，献其异议。彼虽差异于正统说，然既皆以此说为其讨论之对象，则此说之必为当时风行者可知矣。

汉代硕儒之反此说者，大体有同归焉，即皆返于孟荀分道之前也。《论衡》诸篇所反覆陈说者，谓人性有差别，一如命运之前定，上贤下恶皆不移，中人则皆因习待教以别善恶者也。荀悦所论者，谓未可尽以善恶分性情，而人性一如天命，有三品之不同。王荀二氏虽词气有不同，轻重或别异，其祈求以孔子品差的性论代汉代之二元的性论则一也，其认上智下愚不移，中人待教而化则一也。论性之风气，在东汉如此变转者，亦有故。持善恶以论性之群说，左之右之皆备矣，若超于善恶以为言，犹有可以翻新其说者，然超于善恶乃道家之途，非儒学所能至，变极则反，孔子固儒者之宗也。故王充曰："孔子道德之祖，诸子之中最尊者也，而曰上智下愚不移，故知告子之言未得实也。"群说势穷，则反其朔以从至上之权威，亦思想演流之一式也。

括则言之，自晚周至魏晋之思想有三世。在晚周，学者认事明切，运思严密，各奋其才以尽其极，可谓为分驰之时代，性善性恶之异论皆此时生。在西汉以至东汉之初，百家合流而不觉其矛盾，糅杂排合而不觉其难通，诸家皆成杂家，诸学皆成杂学，名曰尊诸孔子，实则统于阴阳。此时可谓为综合之时代，性情二元论此时为盛。自东汉下逮魏晋，人智复明，拘说迂论以渐荡扫，桓谭、张衡奋其始，何晏、王弼成其风，不特道家自愚妄中解放，即儒言亦自拘禁荒诞中脱离。此时可谓为净化之时代，在儒家，三品之性说以渐代二元之性说。

此后三品之性说乃为儒者之习言。《颜氏家训·教子篇》云："上智不教而成，下愚虽教无益，中庸之人不教不知也。"此虽述孔子之旧文，亦缘王、荀之说在汉晋间已占上风，性论资以复古，历传至于梁隋也。至韩昌黎始用"三品"之名于其《原性》一文中。韩氏此文直是《论衡·本性篇》之节要约旨（韩昌黎受王充影响颇深，见其《后汉三贤传》），乃沾沾以新异自居者，唐代佛老盛行，韩氏复古者，转似创作。后人不寻其所自出，亦以为新说，陋矣。（韩氏此文，今日犹可逐句以汉儒说注其来源。）

第二章　理学之地位

理学者，世以名宋元明之新儒学，其中程朱一派，后人认为宋学正统者也。正统之右不一家，而永嘉之派最露文华；正统之左不一人，而陆王之派最能名世。陆王之派，世所谓心学也，其前则有上蔡，渊源程门；其后则有泰州龙溪，肆为狂荡，公认为野禅矣。程朱深谈性理，以为"如有物焉，得于天而具于心"（戴震讥词），然其立说实为内外二本，其教则兼"尊德性"与"道问学"，尤以后者为重，故心学对朱氏备致不满之词，王文成竟以朱子为其学问才气著作所累，复妄造朱子晚年悔悟之说（见《传习录》）。然则清代汉学家自戴震以降攻击理学者，其最大对象应为心学，不应为程朱。然戴氏之舍去陆王力诋程朱则亦有故。王学在明亡后已为世人所共厌弃，程朱之学在新朝仍为官学之正宗，王学虽与清代汉学家义极端相反，然宗派式微，可以存而不论，朱学虽在两端之间，既为一时上下所宗，故辩难之对象在于此也；虽然，理学心学果于周汉儒学中无所本源，如戴氏所说者欤？

凡言德义事理自内发者，皆心学之一式也。今如寻绎自《孟子》迨《易·系》《乐记》《中庸》诸书之说，则知心学之原，上溯孟氏，而《乐记》《中庸》之陈义亦无可疑。夫性理之学，为得为失，非本文所论，然戴氏既斥程朱矣，《孟子》以及《易·系》《乐记》《中庸》之作者，又岂能免乎？如必求其"罪人斯得"，则"作俑"者孟子耳。有《孟子》，而后有《乐记》《中庸》之内本论；有《乐记》《中庸》之内本论，而后有李翱、有陆王、有二程，虽或青出于蓝，冰寒于水，其为一线上之发展则无疑也。孟子以为"万物皆备于我矣，反身而诚，乐莫大焉"。又以为"人之所不学而能者，其良能也，所不虑而知者，其良知也"。又以为"仁义礼智非由外铄我也，我固有之也"，"操则存，舍则亡，凡相倍蓰而无算者，不能尽其才者也"，又以为"学问之道无他，求其放心而已矣"，又以为"存其心养其性，所以事天也"（凡此类者不悉引）。凡此皆明言仁义自内而发，天理自心而出，以染外而沦落，不以务外而进德，其纯然为心学，陆王比之差近，虽高谈性理之程朱犹不及此，程叔子以为孟子不可学者此也。戴氏名其书曰《〈孟子〉字义疏证》，乃无一语涉及《孟子》字义，复全将孟子之思想史上地位认错，所攻击者，正是孟子之传，犹去孟子之泰甚者也，不亦颠乎？

设为程朱性气之论寻其本根，不可不先探汉儒心学之源。自孟子创心学之宗，汉儒不能不受其影响，今以书缺有间，踪迹难详，然其纲略犹可证也。《乐记》云（按《乐记》为汉儒之作，可以其抄袭《荀子》诸书为证）：

人生而静，天之性也。感于物而动，性之欲也。物至知知，然后好恶形焉。好恶无节于内，知诱于外，不能反躬，天理灭矣。夫物之感人无穷，而人之好恶无节，则是物至而人化物也，人化物也者，灭天理而穷人欲者也。

夫理者，以其本义言之，固所谓"分理，肌理，腠理，文理，条理"也（参看《〈孟子〉字义疏证》第一条）。然表德之词皆起于表质，抽象之词皆原于具体，以语学之则律论之，不能因理字有此实义遂不能更为玄义（玄字之本义亦为细微，然《老子》书中之玄字，则不能但以细微为训）。既曰天理，且对人欲为言，则其必为抽象之训，而超于分理条理之训矣。必为"以为如有物焉"，而非但谓散在万物之别异矣。故程朱之用"理"字，与《乐记》相较，虽词有繁简，义无殊也。（郑氏注"天理"云，"理犹性也"，康成汉儒戴氏所淑，亦未以理为"分理"也。）夫曰不能反躬则天理灭，明天理之在内也。以为人生而静天之性，人化物者灭天理、明义理之皆具于心，而非可散在外物中求之者也。《乐记》所言，明明以天理属之内，亦以修道之功夫（所谓反躬）属之内也。

《中庸》云（按《中庸》一篇非一时所作，其首尾当为汉儒手笔，说见前）：

> 喜怒哀乐之未发，谓之中；发而皆中节，谓之和。中也者，天下之大本也；和也者，天下之达道也。致中和，天地位焉，万物育焉。

夫喜怒哀乐之未发，是何物乎？未有物焉，何所谓中乎？设若《中庸》云，"发而皆中节谓之中"，乃无内学之嫌疑。今乃高标其义于喜怒哀乐未发之前，其"探之茫茫索之冥冥"，下视宋儒为何如乎？心学色彩如此浓厚，程叔子不取也，更未尝以为天地位万物育于此也。《遗书》记其答门人云：

苏季明问："喜怒哀乐未发之前求中，可否？"曰："不可，既思于喜怒哀乐未发之前求之，又却是思也，既思即是已发。才发便谓之和，不可谓之中也。"又问："吕学士言，当求于喜怒哀乐未发之前，如何？"曰："若言存养于喜怒哀乐未发之前则可，若言求中于喜怒哀乐未发之前，则不可。"又问："学者于喜怒哀乐发时，固当勉强裁抑，于未发之前，当如何用功？"曰："于喜怒哀乐未发之前更怎生求？只平日涵养便是。涵养久，则喜怒哀乐发自中节。"曰："当中之时，耳无闻目无见否？"曰："虽耳无闻目无见，然见闻之理在始得，贤且说静时如何？"曰："谓之无物则不可，然自有知觉处。"曰："既有知觉，却是动也，怎生言静？人说'复'其见天地之心，皆以为至静能见天地之心，非也。'复'之卦下面一画，便是动也。安得谓之静？"或曰："莫是于动上求静否？"曰："固是，然最难。释氏多言定，圣人便言止。如为人君止于仁，为人臣止于敬之类是也。《易》之'艮'言止之义曰：艮其止，止其所也。人多不能止。盖人，万物皆备，遇事时各因其心之所重者，更互而出，才见得这事重便有这事出，若能物各付物，便不出来也。"或曰："先生于喜怒哀乐未发之前，下动字，下静字？"曰："谓之静则可，然静中须有物始得，这里便是难处，学者莫若且先理会得敬，能敬则知此矣。"或曰："敬何以用功？"曰："莫若主一。"季明曰："昞尝患思虑不定，或思一事未了，他事如麻又生，如何？"曰："不可，此不诚之本也。须是习，习能专一时便好。不拘思虑与应事，皆要求一。"

此段最足表示程子之立点，程子虽非专主以物为学者，然其以心为学之分际则远不如《中庸》此说为重，盖《中庸》在心学道路上走百步，程子又退回五十步也。程子此言，明明觉得《中庸》之说不安，似解释之，实修正之。彼固以为喜怒哀乐未发之前，无中之可求，其用功处，广言之则平日涵养，狭言之则主敬致一，此与今日所谓"心理卫生"者微相近，绝非心本之学，尤绝非侈谈喜怒哀乐未发之前者，所可奉为宗也。

《中庸》章末极言诚。所谓诚，固孟子所谓反身而诚之训，然《中庸》言之侈甚矣：

> 诚者，天之道也；诚之者，人之道也。诚者，不勉而中，不思而得，从容中道，圣人也。诚之者，择善而固执之者也。……
>
> 自诚明，谓之性；自明诚，谓之教。诚则明矣，明则诚矣。
>
> 惟天下至诚为能尽其性，能尽其性则能尽人之性，能尽人之性则能尽物之性，能尽物之性则可以赞天地之化育，可以赞天地之化育则可以与天地参矣。

《中庸》成书远在《孟子》之后，其首尾大畅玄风，虽兼采外物内我两派之说，终以内我派之立点为上风，是盖由于孟子之后，反对之说有力，而汉儒好混合两极端以为系统也。其曰"诚者天之道"，犹云上乘也；曰"诚之者人之道"，犹云下乘也。曰"诚则明明则诚"，犹云殊途而同归也。曰"自诚明谓之性，自明诚谓之教"，亦示上下床之别也。其曰"天下之至诚"也，由己性以及人性，由人性以及物性，其自内而外之涂术可知矣。故如以此言论宋儒，则程叔子、朱文公之学皆"自明诚谓之教"者也。此义可于朱子补《大学·格物》章识之。

朱子之补《大学·格物》章，宋代以来经学中之大问题也。自今日思之，朱子所补似非作《大学》者之本心。然程朱之言远于心学而近于物学，比《孟子》《乐记》《中庸》更可免于戴氏之讥者，转可于错误中见之。《大学》原文云："……欲诚其意者先致其知，致知在格物，物格而后知至，知至而后意诚……"郑注云："格，来也。物，犹事也。其知于善深，则来善物；其知于恶深，则来恶物，言事缘人所好来也。"此解虽若上下文义不贯通，然实是格字之正训。《诗》所谓"神之格思"，《书》所谓"格于上下"，皆此训也。格又以正为训，《论语》所谓"有耻且格"，《孟子》所谓"格其君心之非"，皆谓能正之也。从前一义，则格物应为致物；从后一义，则格物应为感物（王文成所用即此说）。若朱子所补者，周汉遗籍中无此一训。上文有"物有本末，事有终始，知所先后，则近道矣"一言，似朱子所补皆敷陈此义者，然此语与格字不相涉，《大学》作者心中所谓格物究竟与此语有涉否，未可知也。汉儒著论好铺陈，一如其作词赋，后人以逻辑之严义格之，自有不易解处。程朱致误之由来在于此。朱子将此语移之下方，复补其说云：

> 右传之五章，盖释格物致知之义，而今亡矣。间尝窃取程子之意以补之曰：
>
> 所谓致知在格物者，言欲致吾之知，在即物而穷其理也。盖人心之灵莫不有知，而天下之物莫不有理，惟于理有未穷，故其知有不尽也。是以《大学》始教，必使学者即凡天下之物莫不因其已知之理而益穷之，以求至乎其极。至于用力之久而一旦豁然贯通焉，则众物之表里精粗无不到，而吾心之全体大用无不明矣。此谓物格，此谓知之至也。

试看格物致知在《大学》之道之系统中居诚意正心之前，即等于谓是修道之发轫。朱子将此根本之地说得如此，则准以王学称心学之例，朱学称"物学"自无不可。〔朱子之究心训诂、名物、礼数，一如清代朴学家，"物学"之彩色极重。朱子门人及其支裔诚多舍此但讲性命者，然东发深宁竟为清代朴学之远祖。此不磨之事实也。清代朴学家之最大贡献，语学耳（兼训诂音声），至于经学中之大题，每得自宋儒，伪古文《尚书》其一也，其对于《诗经》一书之理解乃远不如宋人。五十年后，人之量衡两大部经解者，或觉其可传者，未必如通志堂之多也〕。朱子如此解格物，自非《孟子》之正传，聪明之王文成岂肯将其放过（见《传习录》）？然而朱子之误释古籍，正由其乐乎"即物而穷其理"，而非求涂路于"喜怒哀乐未发之前"也。清代朴学之立场，岂非去朱子为近，去孟子为远乎？

程朱之学兼受陆王及戴氏之正面攻击者，为其二层性说。是说也，按之《孟子》之义，诚相去远矣，若求其思想史上之地位，则是绝伟大之贡献，上承孔子而详其说，下括诸子而避其矛盾。盖程朱一派之宗教观及道德论皆以此点为之基也。程伯子曰（《遗书》卷一）：

"生之谓性"，性即气，气即性，生之谓也。人生气禀，理有善恶，然不是性中元有此两物相对而生也。有自幼而善，有自幼而恶，是气禀自然也。善固性也，然恶亦不可不谓之性也。盖"生之谓性"，"人生而静"以上不容说，才说性时便已不是性也。凡人说性，只是说"继之者善也"，孟子言人性善是也。夫所谓继之者善也者，犹水流而就下也。皆水也，有流而至海，终无所污，此何烦人力之为也？有流而未远固已渐浊，有出而甚远方有所浊，有浊之多者，有浊之少者，清浊虽不同，然不可以浊者不为水也。如此则人不可以不加惩治之功。故用力敏勇则疾清，用力缓怠则迟清，及其清也，则却只是元初水也。亦不是将清来换却浊，亦不是取出浊来置在一隅也。水之清则性善之谓也。故不是善与恶在性中为两物相对，各自出来。此理，天命也。顺而循之，则道也。循此而修之，各得其分，则教也。自天命以至于教，我无加损焉，此舜有天下而不与焉者也。

性出于天，才出于气。气清则才清，气浊则才浊。才则有善有不善，性则无不善。

朱子于此义复发明之云（《语类》四）：

孟子言性。只说得本然底，论才亦然。荀子只见得不好底，扬子又见得半上半下底。韩子所言却是说得稍近。盖荀扬说既不是，韩子看来，端的见有如此不同，故有三品之说，然惜其言之不尽，少得一个气字耳。程子曰："论性不论气，不备；论气不论性，不明。"盖谓此也。

孟子未尝说气质之性，程子论性，所以有功于名教者，以其发明气质之性也。以气质论，则凡言性不同者，皆冰释矣。退之言性亦好，亦不知气质之性耳。

道夫问："气质之说始于何人？"曰："此起于张程。某以为极有功于圣门，有补于后学，读之使人深有感于张程，前此未曾有人说到此。如韩退之《原性》中说三品，说得也是，但不曾分明说是气质之性耳。性那里有三品来？孟子说性善，但说得本源处，下面却不曾说得气质之性，所以亦费分疏。诸子说性恶，与善恶混。使张程之说早出，则这许多说话自不用纷争。故张程之说立，则诸子之说泯矣。因举横渠'形而后有气质之性，善反之，则天地之性存焉。

故气质之性，君子有弗性者焉'，又举明道云，'论性不论气不备，论气不论性不明'，二之则不是。且如只说个仁义礼智是性，世间却有生出来便无状底是如何？只是气禀如此。若不论那气，这道理使不周匝，所以不备。若只论气禀，这个善，这个恶，却不论那一原处只是这个道理，又却不明。此自孔子、曾子、子思、孟子理会得后，都无人说这道理。"

程朱是说也，合孟轲韩愈以为论，旁参汉晋之性情二元说，以求适于孔子所谓"性相近习相远"，"唯上智与下愚不移"者也。孟子者，宗教的意气甚强大，宗教的形迹至微弱之思想家也。惟其宗教的意气甚强大，故抹杀一切功利论，凡事尽以其所信为是非善恶者为断。惟其宗教的形迹至微弱，故不明明以善归之天，而明明以善归之人。义内之辨，所以异于墨子之"义自天出"者也。故孟子之性善说，谓人之生质本善也，孟子之所谓才（例如"非才之罪也"之才字），与所谓情（例如"乃若其情则可以为善矣"之情字），皆性之别称也。当时生性二词未全然分立，孟子偶用比性（生）字更具体之各词以喻其说，故或曰才，或曰情，其实皆性（生）之一面之称也（关于此点，戴氏辩程朱与孟氏异者，不易之说也）。故程朱之将气禀自性中分出，或名曰"气质之性"（参看《论语集注》），或竟名之曰"才"（程伯子语），以为兼具善恶，与"性之本""皆善"者不同，诚不可以为即是《孟子》之正传，朱子于此点亦未尝讳言之。然则程朱之"性之本"果何物乎？

程朱之"性之本"，盖所谓"天命之谓性"也。程朱学之宗教的色彩虽与古儒家大致相同，即属于全神论的宗教观，而非活灵活现之鬼神论，然比之孟子，宗教之气息为重矣（程朱之主敬即为其宗教的工夫）。故程朱之天亦有颇异于孟子之天者也。孟子之天，孟子未尝质言其为全仁也。且明言其"未欲平治天下"，而使其不遇鲁侯也。程朱之天则全仁也，全理也，故天命之性，必为全善者也（详见《语类》卷四）。然则程朱复为善之一物立其大本于天，而名之曰"本性"，又曰"性即理也"。在此点上，程朱之立场恰当墨孟之中途，不过墨子言之极具体，程朱言之极抽象耳。且墨子未尝以义字连贯天人，程朱则以理字连贯天人物，（墨子虽言义自天出，人应以天志为志，然其口气是命令的，所指示为应然的，未尝言天人一贯之理，如程朱之说理字也。）故程朱之言"理"，性与天道皆在其中，而为"天命之谓性"一语作一抽象名词以代表之也。既连贯天人于一义之中矣，则道德之本基当立于是，故程朱以为本性善。此一本性虽与孟子所言性不尽为一物，其为道德立本则一，其自别于释道者亦在此也（参看程朱辟佛诸说）。

然而性善之说，如孟子之兼括才质而言者，究竟不易说通。孟子之性善说恰似卢梭之生民自由论，事实上绝不如此，惟一经有大才气者说之，遂为思想史上绝大之动荡力，教育之基础观点受其影响，后人虽以为不安者，有时亦不能不迁就之也。韩文公即不安于性善说者最有力之一人，其三品说实等于说性不同耳。此所谓性，绝无天道论在其中，而是专以才质为讨论对象者也。扬雄之"善恶混"说，亦自有其道理，盖善恶多不易断言，而人之一生发展恒不定也。程朱综合诸说，作为气质之性，于是孟子性善说之不易说圆处，扬韩诸子说之错综处，皆得其条理。朱子以为张程此说出则"诸子之说泯"，此之谓也。

戴震以为气质之性说与孟子不合，是固然矣，然孟子固已与孔子大相违异，而张程此说，转与孔子为近。孔子之词短，张程之论详，故张程之论果皆合于孔子相近不移之用心否，今无从考知，然张程之立此说，固欲综合诸子，求其全通，调合孔孟，求无少违，移孟子之性说，于天道上，而努力为孔子之"性相近习相远"说、"上智下愚不移"说寻其详解，斯固集儒家诸子之大成，而为儒家天人论造其最高峰矣。过此以往，逃禅篡[①]道则有之矣，再有所发明则未有也。故戴氏以程朱与孟子不合，诚为事实，设若此为罪过，则戴氏与程朱惟均，若其以此说归之儒家思想直接发展之系统外，则全抹杀汉代儒家之著作，且不知程朱之说乃努力就孔子说作引申者也。（按：程朱与孟子之关系甚微妙。所有孟子道统之论，利义之辨，及其"儒者气象"，皆程朱不能不奉为正宗者。然孟子宗教气少，程朱宗教气较多，故其性论因而不同。此处程朱说根本与孟子不同，然程朱犹力作迁就之姿势，故朱子注《孟子》，遇性善论时，便多所发挥，似推阐而实修正，内违异而外迁就，或问亦然。两者治学之方亦大不同，若程朱之格物说，决非孟子所能许，或为荀子所乐闻，此非本书所能详论，姑志大意于此。）

兹列图以明程朱性说在儒家系统中之地位。

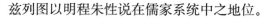

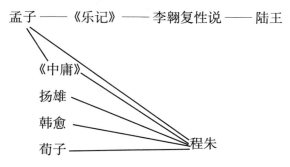

附：论李习之在儒家性论发展中之地位

李习之者，儒学史上一奇杰也。其学出于昌黎，而比昌黎更近于理学，其人乃昌黎之弟子，足为其后世者也。〔韩云，"从吾游者李翱、张籍，其尤也"，李则于谏韩文中称之曰兄。盖唐人讳以人为师（见昌黎《进学解》），实则在文章及思想上李习之皆传韩氏者也〕。北宋新儒学发轫之前，儒家惟李氏有巍然独立之性论，上承《乐记》《中庸》，下开北宋诸儒，其地位之重要可知。自晋以降，道释皆有动人之言，儒家独无自固之论。安史之乱，人伦道尽，佛道风行，乱唐庶政，于是新儒学在此刺激下发轫（新儒学起于中唐，此说吾特别为一文论之）。退之既为圣统说（即后世道统说所自来），又为君权绝对论，又以"有为"之义辟佛老，自此儒家乃能自固其藩篱，向释道反攻。习之继之，试为儒教之性论，彼盖以为吾道之缺，在此精微，不立此真文，则二氏必以彼之所有入于我之所无。李氏亦辟佛者，而为此等性说，则其动机当在此。遍览古籍，儒家书中，谈此虚高者，仅有《孟子》《易·系》及戴记之《乐记》《中庸》《大学》三篇，于是将此数书提出，合同其说，以与二氏相角，此《复性书》之所由作也。戴记此三篇，在李氏前皆不为人注意，自李氏提出，宋儒遂奉之为宝书。即此一端论之，李氏在儒学史上之重要已可概见。清儒多讥其为禅学玄宗者，正缘其历史的地位之重要。夫受影响为一事，受感化为又一事，变其所宗、援甲入乙为又一事，谓《复性书》受时代之影响则可，谓其变换儒家思想而为禅学，则言不可以若是其亟也。

《复性书》三篇中，下篇论人之一生甚促，非朝夕警惕不足以进于道。此仅为自强不息之言，与性论无涉，可不论。至其上中两篇，立义所在，宜申详焉。

《复性书》上篇之要义可以下列诸点括之：

其一为性情二本，性明情昏说。此说乃汉代之习言，许、郑所宗述，而宋儒及清代朴学家皆似忘之，若以为来自外国，亦怪事也。此论渊源，本书下篇第一章已详叙之，今知其实本汉儒，则知其非借禅学也。禅学中并无此二元说，若天台宗性恶之论，则释家受儒家影响也。果必谓李习之受外国影响，则与其谓为逃禅，毋宁谓为受袄教、景教、摩尼之影响，此皆行于唐代之善恶二元论者。然假设须从其至易者，汉儒既有二元论，则今日不必作此远飓之假设矣。

其二为复性之本义。此义乃以《乐记》"人而生静至灭天理而穷人欲者也"一节为基本，连缀《易·系》《中庸》《大学》之词句而成其说也。所谓"寂然不动，感而遂通"者，《易·系》之词也。所谓"尽性"者，《孟子》之词、《中庸》之论也。所有张皇之词虚高之论，不出《易·系》则出《中庸》。铺张反复，其大本则归于制人之情以尽天命之性，犹《乐记》之旨也。今既已明辩古儒家有唯心一派之思想，则在李氏性说固未离于古儒家。李氏沾沾自喜，以为独得尼父之心传，实则但将《中庸》《大学》等书自戴记中检出而高举之，其贡献在于认出此一古代心学之所在，不在发明也。

《复性书》中篇则颇杂禅学，此可一望而知者。此篇设为问答之词，仍是以《易·系》《中庸》为口号，然其中央思想则受禅学感化矣。此篇列问答十二，末一事问鬼神，以不答答之，自与性论无干，其前十一问则或杂禅学，或为《复性书》上之引申。其杂禅者，第一问"弗思弗念"，第二问"以情止情"，皆离于儒说，窃取佛说以入者。第三问"不睹不闻"，第四问格物，第五问"天命之谓性"，第六问"事解心解"，皆推阐古心学之词。如认清古之心学一派，知其非借禅学以立义矣。第七问凡人之性与圣人之性，第八问"尧舜岂有不情"，皆《复性书》上之引申义，第九问嗜欲之心所由生，乃是禅说。第十问性未灭，似禅而实是《孟子》义。第十一问亦近禅。意者《复性》三书非一时所作，即此十一问恐亦非一时所作，故不齐一耶？

约言之，《复性》上下两书皆不杂禅学者，中篇诸问则或杂或不杂。李氏于古儒学中认出心学一派，是其特识，此事影响宋儒甚大。若其杂禅则时代为之，其杂禅之程度亦未如阮元等所说之甚也。戴、阮诸氏皆未认明古有心学之宗，更忽略汉儒之性情二元说，故李氏说之与禅无关、于儒有本者，号称治汉学者反不相识矣。